산마을 너머 지금 뭐해?
세상으로 나온 산마을학교 졸업생들의 삶과 시선

산마을 너머 지금 뭐 해?
세상으로 나온 산마을학교 졸업생들의 삶과 시선

초판 1쇄 인쇄 2023년 11월 7일
초판 1쇄 발행 2023년 11월 17일

지은이 최보길, 정건화, 이슬, 공연규, 이한솔, 김희진, 김정인, 조희주, 이기은,
　　　　성결, 이지수, 오민석, 허예린, 신은솔, 전소연, 여지후, 심지윤, 김서인
펴낸이 김승희
펴낸곳 도서출판 살림터

기획 정광일
편집 이희연
북디자인 이순민

인쇄.제본 (주)신화프린팅
종이 (주)명동지류

주소 서울시 양천구 목동동로 293 22층 2215-1호
전화 02) 3141-6553
팩스 02) 3141-6555
출판등록 2008년 3월 18일 제313-1990-12호
이메일 gwang80@hanmail.net
블로그 https://blog.naver.com/dkffk1020
한국교육연구네트워크 https://www.kednetwork.or.kr

ISBN 979-11-5930-266-4 03370

산마을 너머
지금 뭐해?

세상으로 나온 산마을학교 졸업생들의 삶과 시선

글_최보길, 정건화, 이슬, 공연규, 이한솔, 김희진, 김정인, 조희주, 이기은
성결, 이지수, 오민석, 허예린, 신은솔, 전소연, 여지후, 심지윤, 김서인

살림터

산마을 너머로부터 받은 작은 위로

정승관

전 풀무농업고등기술학교 교장, 전 꿈틀리 인생학교 교장

우리 사회가 들끓고 있다. '우리 사회'라고 했지만 우리 사회 안의 '학교'에서 일어난 일로 우리 모두 이 수상한 시절에 더 큰 심적 고통의 시간을 지니고 있다. 학부모, 학생, 교사 모두 고통을 겪을 수밖에 없는 사건들의 연속인 것이다.

도대채 우리 학교들의 학교가 왜 이렇게 되었을까? 학부모들은 왜? 학생들은 또 왜 그리고 교사들은 왜 이런 상황 속에 놓이게 되었을까? 이 책의 필자이자 엮은이는 지난 수십 년 동안의 교사 경험을 바탕으로 이렇게 말하고 있다.

"중등교육의 목표가 더 좋은 상급학교의 진학으로 모아진다. 이런 상황에서 청소년기의 심리적 배려와 세상을 살아가기 위해 필요

한 사회적 감수성에 대한 배움의 기회는 상대적으로 자리 잡기가 어려워졌다."

'자연', '평화', '상생'은 이 책의 배경인 산마을고등학교 교육의 핵심 주제어이다. 위에서 필자는 '상급학교 진학'으로 학교의 목표가 모이기 때문이라고 말하고 있지만 사실은 학교가 교육의 본질을 끊임없이 왜곡해온 결과 때문이라고 조금 더 확대해서 생각해보게 된다. 그런 과정에서 학부모, 학생 그리고 교사들도 자신의 자리를 잃고 우왕좌왕하고 있는 것이 아닐까?

이 책에서는 산마을고등학교 교육의 특징, 즉 '자연', '평화', '상생'을 실현하기 위한 그들의 노력과 내용을 설명한다. 이를 위해 학교는 매우 넓고 깊게 교육과정을 개발하고, 힘이 닿는 대로 최선의 노력을 기울여 끊임없이 노력하고 실천해 가는 모습이 담겨 있다.

이런 교육과정 중 핵심인 대안교과('삶과 철학', '공동체 이론과 실제', '지역과 세계', '문화비평과 창작활동' 등의 카테고리)를 통해 산마을고등학교를 거쳐 이제 삼십 대에 들어서며 '산마을 너머'의 삶을 이어가고 있는 17명의 이야기를 카테고리별로 보이고 있다.

이제 이들은 어쩌면 실제 흐른 시간보다 훨씬 더 길고 치열한 과정을 지나며 겪어온 이야기와 현재의 이야기를 통해 그들의 경험과 고민을 나누어 준다. '자연', '평화', '상생'이 산마을 고등학교 교육의 핵심 주제어라고 했지만 이러한 교육의 방향은 단지 학교 당국의 방침으로만 작동하는 것이 아니다. 산마을고등학교의 교사, 학생 그리고 학부모 모두가 함께 참여하고 실천해 가며 만들어 가는 철학이다.

하 수상한 요즈음 학교 교육의 원칙을 왜곡하지 않으려는 산마을고등학교에서 온전히 '자연'과 '상생'을 통해 '평화'를 이루어 가려 애쓴 경험을 가지고 학교를 떠나 온전한 삶의 원칙을 가지고 스스로 '산마을 너머'를 이어가고 있는 그들의 이야기를 통해 작은 위로를 받는다. 그래서 17명의 필자와 최보길 선생님께 더욱 감사드린다.

산마을 너머에 뿌려진
평화 일꾼들의 이야기

강화정
산마을고등학교 교장

산마을은 '자연, 평화, 상생'인 학교 철학을 중심으로 교육과정이 운영되는 학교이다. 이 가치는 교사들의 수고와 더불어 자발적인 학생 자치 활동으로 더욱 빛을 발하게 된다. 학생들은 자연 속에서 사유하고 자신과 벗을 만나며 함께 좋은 공동체 문화를 만들어나간다. 그런데 배움의 과정은 녹록지 않다. 학교 생활 내내 지속적인 노력과 실천을 요구한다. 그리고 그 애씀이 씨앗 하나를 품게 한다.

그 씨앗은 졸업 후에 발아되어 자신의 때에 적절한 열매로 드러나게 된다. 남과 비교하지 않고 자신의 속도로 다부지게 살고 선한 이웃이 되어 평화의 씨앗을 새로이 뿌린다. 이는 산마을 교육이 재학 생활 3년뿐만이 아닌 그 너머를 중요하게 생각하는 이유이다.

산마을이 개교한 지 어느덧 20년이 지났다. 산마을 3년이 졸업
생들의 삶에 어떤 영향을 미치고 있고, 졸업생들은 어떤 생각을 하
며 살고 있을까? 많은 사람들이 산마을 졸업생들이 어떻게 살고 있
는지, 특히 산마을의 교육철학과 특성화 교과가 삶에 어떤 영향을
끼치고 있는지 궁금해한다. 그에 대한 약간의 답이 될 이 책은 산마
을 특성화 교과를 카테고리로 묶어 졸업생들의 이야기로 구성되어
있다. 일반적인 관심사처럼 학생들이 졸업 후 어디에 진학하고 어디
에 취업했냐가 중심이 아니라, 졸업 후 어떤 고민을 하면서 살았고
살고 있는지를 생기 있게 보여주고 있다.

이탈리아 철학자 프랑코 베라르디는 한국 사회의 네 가지 특징
이 끊임없는 경쟁, 극단적인 개인주의, 일상 속 사막화, 생활의 초가
속화라고 언급했다. 학교교육에서 비판적 사고(critical thinking)와 사
유와 성찰이 중요하듯이, 사유 없는 사회는 위험하며 끊임없는 경쟁
속에서 비교하며 혐오와 불안은 증폭된다.

이 책안에서는 이 사회의 불안 속에 내몰리지만 다부지게 중심
을 잡고 현재의 자신과 삶에 집중하려 노력하는 산마을 청춘들의 이
러한 모습들이 보이는 다양성이 우리 사회 안에서 좀 더 자연스럽게
받아들여졌으면 한다. 그리고 산마을 고등학교의 '자연, 평화, 상생'

의 철학을 독자들도 깊이 생각해주었으면 하는 바람이다.

　소중한 글로 자신의 현재를 표현해 준 열일곱 명 필자의 용기와 정성에 고마움을 전한다. 그리고 20년 동안 산마을에서 수고해 온 최보길 선생님이 연구년에 의미 있는 책을 만들어 준 것에 깊은 감사를 전한다.

　산마을 졸업생들의 이야기는 아마 끝나질 않을 것이다. 산마을에서 품게 된 씨앗들과 함께 널리 퍼질 것이다.

　1기 졸업생부터 앞으로 졸업할 학생들까지, 모든 산마을 졸업생들의 삶을 응원한다.

'산마을 너머' 너희들,
'너희들 너머' 다시 산마을

최보길
산마을고등학교 교사

이제 막 산마을에서의 20년이 지났다. 자꾸 팔이 안으로만 굽는 것
같고, 고집이 세지는 것 같아 스스로를 돌아보려 학교와 거리 두기
에 나섰다. 지금은 1년 동안 정책연구년으로 학교 밖에서 책 읽고,
글 쓰고, 농사지으며 살고 있다. 긴 시간 동안 산마을학교에 관한 질
문을 많이 받으며 질문의 답은 교사의 지향이 담긴 답변이 아니라
산마을학교를 온전히 살아온 졸업생들의 추억과 삶의 현장성으로
답변이 되었으면 좋겠다고 생각해왔다. 산마을에 진 빚과 숙제 하나
내려놓는다.

내 나이 오십하고도 둘… 그리고 '산마을 너머'
모두가 백세시대라며 삶의 패러다임을 새롭게 구성하자고 할 때, 난

크게 감흥이 없었다. 대중매체 속에 이미 확정된 사실처럼 나오고, 또 모든 문화와 자본의 메커니즘이 앞으로 다가올 당연한 세상인 것처럼 공공연하게 배경을 만드니, 이제 내 주변의 지인들로부터도 백세시대라는 말이 보통명사처럼 만들어져 술술 흘러나온다. 부담스럽다.

백세시대! 과연 우리 모두에게 허용된 것인가? 양극화 시대를 살고 있는 우리에게 백 세는 열린 기회일까? 그리고 나이가 숫자라면 아픈 백 세는 또 무슨 의미일까? 한 발쯤은 천천히 와야 할 백세시대가 주변을 둘러보지 않고 앞만 보며 너무 급작스럽게 달려오고 있는 듯하다.

그런 가운데 이제 나는 오십둘 … 십 단위를 생각하니 반세기를 살았구나라면서 대견해하기도 하고 청춘의 끄트머리에 있는 것 같아서 아쉽기도 한데 일 단위를 생각하니 그래도 시작하는 초반의 삶이라, 그래서 내가 다시 오십 대라는 내 삶의 이야기를 상상할 수 있을 것 같아 어쩐지 위로가 된다.

20여 년 전 신촌의 한겨레 공간에 모여 '대안교육'이라는 화두로 청춘을 내던졌던 시간 이후 산마을은 늘 내 고민과 도전과 그리고 성취의 공간이었다. 고민과 공유 그리고 공감과 도전의 순환고리 속에 시간 가는 줄 모르고 흘러왔다. 그 덕에 초록의 색을 다양하게 보고 느낄 수 있는 눈도 키우고, 저녁 해넘이의 빛줄기가 하루의 수고를 씻어줄 에너지를 지녔다는 사실도 알게 되고, 복잡하고 힘든 일도 '함께'라면 맞이하고 받아들일 수 있다는 것도 알게 되었다. 산마을에서의 시간은 깊어진다. 또, 산마을에서 주민으로 산다면 누구라도 성장한다는 것을 믿게 되었다.

졸업생들과 '산마을 너머'를 나누는 지금, 나는 무척 설렌다. 종종 소식을 나눈 사이이지만 그래도 그들이 가꾸어온 이야기들을 더 넓게 나누어보는 행복한 경험을 하게 되어서 하루하루가 숨차다. '산마을 너머'의 이야기는 산마을이 가야 할 그 너머를 응원하고 격려해 주는 든든한 힘이 될 것 같다.

'산마을 너머'가 생겨난 까닭

지난 산마을의 20년 동안 가장 많이 그리고 모두에게 공통으로 받아왔던 질문은 "산마을 고등학교에서는 무얼 배워?", "산마을고 졸업하고 뭐 해?" 였다. 입학을 꿈꾸는 예비 새내기부터 그들의 부모와 그리고 산마을과 대안교육에 대해 관심을 가진 사람들이라면 늘 거쳐 가는 질문이었다. 아마도 그 질문의 본질은 졸업 후 진학 혹은 진로 방향 등에 관한 질문일지도 모르겠다.

여기에 대해 산마을은 두 가지 경향으로 답해 왔다. 한 가지는 교사로부터 듣는 답이 아니라 당사자로부터 들어야 진정한 답이 될 수 있다는 것이고, 다른 한 가지는 아직 산마을 졸업생들은 사회 진

출을 할 시기가 되지 않아서 삶의 진로를 특정하기 쉽지 않다는 것이다. 산마을이 20년의 나이를 먹었지만 한국사회에서 군대, 학업, 취업 등의 사회적 관례를 거치니 진로에 대한 답을 얻고자 한다면 그들의 나이 서른의 나이는 되어야 하지 않을까?

그러다 가끔 전화와 SNS로 안부를 물어오는 서른 즈음을 지나고 있는 졸업생들을 보면서 그동안 그들을 대신해서 받아왔던 질문과 답변을 각각 서로에게 되돌리고 싶다는 생각이 들었다. 개교 이래 끊임없이 찾아오는 그 질문으로부터 산마을의 마을주민이었던 그들이 직접 답하면 좋겠다고 생각했다. 가능한 방법을 생각해 서로 만나보자. 언젠가 다시 물을 미래의 질문자에게까지 대답이 갈 수 있도록 기록으로 남겨두자. 거기서 '산마을 너머'가 싹트기 시작했다.

'산마을 너머, 나 지금 뭐 해'라고 수줍게 이야기해 줄 졸업생들이 모였다. 강화군 양도면 삼흥리에 새로 지은 터를 잡고 이곳에서 온전히 3년의 마을 생활을 경험한 뒤 졸업한 친구들, 그리고 졸업한 지 최소 3~4년은 흘러서 사회 속의 내 자리는 아닐지라도 방향이 있는 길 초입에 들어선 친구들을 향해 입소문을 내기 시작했다. 졸업한 지 10여 년이 좀 넘거나 가까이 되는 친구들이 함께 고민하고 입소문을 더 멀리, 널리 퍼뜨려 주었다. 시간과 마음, 그리고 자신의 삶을 기꺼이 나누어 줄 17명의 친구들이 모였다. 농사와 결혼 준비로 도저히 시간을 낼 수 없다는 농부, 공교육의 현장에서 한참 혼란스럽다는 초임 발령 교사, 태어나서 처음으로 미친 듯 공부하고 있다는 법학전문대학원생, 홍대거리에서 열심히 버스킹하고 있는 가수, 교원 임용고사를 준비하는 수험생 등 개인의 사정에 따라 참여하지 못한 친구들도 있었다. 그것 역시 이 책과의 인연의 결과리라 생각하고 이번 '산마을 너머, 지금 뭐 해?'에 응원으로 메아리쳐 보기로 했다.

'산마을 너머'는 어떤 곳?

질문을 바꿔보자. "산마을에서는 뭘 배워, 졸업하면 뭐 해?"를 "산마을 너머, 지금 뭐 해?, 나 지금 뭐 해!"로. 첫 질문의 분위기를 보니 왠지 '직업', '대학'에 대한 답인 양 요구하는 것 같다. 어느새 고등학교 진로 교육 목표를 '무엇'과 '어디서'를 무한 강조하고 있는 우리 사회지만, 그래도 '대안'이라는 이름에 관심 가져준 것을 고려해서 '어떻게'와 '왜'를 중심으로 질문을 규정했으면 좋겠다. 그 분위기를 함유해서 '산마을 너머, 지금 뭐 해?'로 질문을 바꿔보자. '산마을 너머 지금 뭐 해?'는 서른 즈음을 지나고 있는 졸업생들에게 '네가 발 딛고 있는 곳에서 어떻게 살고 있어? 지금 가슴에 품고 있는 지금의 뜨거움은 뭐야?'와 같은 질문을 하는 것이다. '불안'의 시대에 '희망'의 작은 불씨를 자기 자리에서 키우고 있는 이야기들이 답으로 메아리칠 것이다.

'산마을'이라는 이름은 2003년 '산삶'이라는 교지를 만들면서 그 이름을 '살아있는'과 '산'이라는 중의적 의미로 해석하고 설명했다. 유기적인 공동체의 삶을 추구하면서 동시에 자연의 일부라는 정체성을 드러낸 이름이었다. 이후 학교를 설명할 때 이 표현은 자주 활용되어왔다. 그러나 본래 '산마을'은 성경(마태복음 5:14)에서 비롯된 표현이다. '산 위의 마을이 숨겨지지 못한다'라는 표현에서 가지고 왔다. '산마을'은 곳곳에서 산마을이 가진 교육철학을 마음에 품고, 손으로 옮기며 사는 것을 추구한다. 높고 화려한 곳이 아니라 내가 지금 발 딛고 있는 곳에서 내 마음속 가치를 품고 가꾸는 삶을 지향한다. 내 삶과 주위의 평화를 일구는 사람들 곧 작은 피스메이커들의 이야기를 모았다.

산마을은 일반 고등학교에서 배우지 않는 과목을 개설해서 공부하고 있다. 고등학교가 대학입시로 가는 징검다리가 아니라면 감수성 깊어지는 청춘의 나이에 꼭 배워야 할 가치가 있다고 생각하고, 생태농업, 삶과 철학, 공동체 이론과 실제, 지역과 세계, 문화비평과 창작활동 등 철학을 담은 교과목을 함께했다. 다양한 학생자치 활동과 더불어 학창 시절에 함께 나누고자 했던 '자연', '평화', '상생'의 가치들이 지금은 산마을 너머에서 각자의 터전 위에서 어떤 꽃을 품을 씨앗으로 자라날까. 처음과 지금은 어떻게 달라졌을까? '산마을 너머'가 궁금하고 설레는 이유가 거기에 있는 것 같다.

질문받을 수 있어 행복했다. 아홉 명의 교사가 20년 동안 한 학교를 일구어왔다. 학교가 작아서 좋았지만 그렇다고 편리하거나 쉽지는 않았다. 작을수록 더 깊게 보이고, 많은 것이 관계 속에 녹아 있게 되었다. 그러다 보니 일상을 지키느라 숲 밖을 보는 일에 소홀하기도 하였지만 우리는 교육에 관한 순수함을 지켜내는 우리의 방식을 고집스러울 정도로 지켜내기도 했다.

　그때마다 입학 상담으로, 연수 차원의 방문으로, 또 우리나라 교육 현실에 대한 상처를 바탕으로 한 희망의 격려로, 조언을 닮은 질문들을 많이 주셨다. 그 질문 때문에 산마을의 '안'과 '밖'은 서로 연결될 수 있었다. 그래서 산마을 20년에 남겨진 졸업생들과의 행복한 만남도 이렇게 상상해 낼 수 있었다.

　그러나 예전보다 교육 생태계의 변화는 속도가 빠른 듯하다. 이제는 현실이 된 학령인구의 감소, 또 코로나의 여파를 온몸으로 맞이한 학생과 교사들, 그리고 여전히 꿈쩍이지 않고 있는 '입시'라는 거대한 장벽까지 다가온다. 산마을을 포함한 대부분의 학교가 위기를 맞이하고 있다. 일각에서는 '미래 교육'이라는 이름으로 '학교'의 역할 혹은 존재까지 부정하기도 한다. 밖으로부터는 또 다른 위기가 다가온다. 여전히 긴박한 기후 위기, 게임 중계하듯 무감각하게 언론에 보도되는 국제사회의 전쟁, 서로를 신뢰하지 못하는 사회 갈등까지 상상에서나 가능한 것이 일상이 되어버렸다.

　'산마을 너머'에는 여전히 산마을이 있다. 자연의 일부로, 함께 고르게 행복하고, 서로 도우며 사는 것을 일상으로 배우고자 하는 산마을이 있을 것이다, 발 디딘 곳에서 작은 고민 품고 살다가 세상으로 나가며 작은 씨앗 하나 키워 나가는 산마을이 있기를 바란다. '산마을 너머'를 열어준 산마을 벗들로부터 얻은 든든함으로…

I

산마을

산마을 너머를 위한
산마을에서의 경험
-가볍게 쓰는 산마을고등학교

최보길

산마을고등학교 교사

어디서든 자기소개는 부담스럽다. 어렸을 때는 순서가 주는 부담이 컸는데, 처음이든 끝이든 저마다 다양한 부담감이 작동해서 결국엔 순서 부담을 넘어서게 된다. 조금 철이 들어서 만나는 자기소개는 자신이 가진 모습 중에 어떤 부분을 중심으로 소개할지에 대한 고민이 생긴다. 살아온 길을 이야기하는 것도 좋고 살아갈 길을 이야기하는 것도 좋았다. 그러다 조금 더 나이가 들면 자기소개할 때 자꾸 뒤를 돌아보게 한다. 거친 과장은 없었는지, 괜히 화려한 언어의 유희로 삶을 가리려 하지는 않는지… 말과 행동이 좀 더 조심스럽다.

자기소개도 어려운데 하물며 내가 몸담고 있는 학교를 소개하려니 걱정이다. 자기소개의 처음, 철이 들어서, 나이가 들어서 하는 염려가 모두 내 마음속으로 다가온다. 내가 적어가는 학교 소개의 글이 온전하게 학교를 안내하고 있는지 매 순간 마음이 무거워진다. 하지만 '산마을 너머'를 이해하기 위해서 '산마을학교'에 대한 이해가 필요하기에 용기를 내어 본다.

생각이 깊어질수록 학교는 무겁고 어렵다는 느낌과 함께 소개될 것 같다. 그러나 무거움이 찾아올 때 다시 '가볍게'라는 말로 무거움을 달래보아야겠다. 기억을 더듬어 20여 년 동안 산마을 학생들을 대신하여 산마을을 소개했던 그대로를 쓰고자 한다. 빠짐없이 모든 것을 쓰고 싶지만 그렇게 할 수 없다는 것과 또 진정한 학교 소개는 졸업생들의 삶을 통해서 이야기하는 것이 더 나은 방법이라는 생각이 든다. 학교 소개의 뒤에는 산마을 '너머'를 살고 있는 졸업생들이 그들의 언어와 삶이 닮긴 글로 더 훌륭하게 산마을을 소개할 것이라는 든든함이 버텨주고 있어 정말 다행이다.

학교철학 자연·평화·상생

"이 학교의 학교 철학이 뭡니까?"
"이 학교에서는 무엇을 배우고자 하나요?"
이렇게 선생님과 학생들에게 물어보면 어떨까? 경우에 따라서는 학교 홈페이지 속에 나오는 몇 가지 개념을 떠올리며 말하거나, 더한 경우에는 학교가 철학을 가져야만 하는 것인지에 대해 반문을 듣게될 수도 있겠다.

'사유하는 삶' 곧 철학을 배우는 곳이 학교인데 정작 배움을 위

한 전문기관인 학교에서는 '사유'가 멀어지는 듯하다. 특히 상급학교를 가기 위한 징검다리로서의 초등학교, 중학교, 고등학교, 대학교의 구조라면 '사유'는 멀어지거나 아니면 '문제풀이 기술'로 변질된 배움의 과정을 겪을 가능성이 높다.

교육목표, 교육이념, 교육철학 어떤 표현이든 좋다. 이곳에서 무엇을 배우고, 가르치고, 함께 성장하는지, 쉽게 말하면 우리가 왜 이곳에 있는지를 설명하는 것은 필요하다. 그 질문에 답할 수 있어야 우리가 지내고 있는 시간과 그 시간 속에 쌓여가는 배움이 의미 있게 되지 않을까?

산마을에서는 교사와 학생의 입에서 '자연, 평화, 상생'이라는 학교 철학이 나오는 것이 자연스럽다. 특별히 세 개의 단어를 익숙하게 만들기 위해 특별한 암기의 기법을 사용하지도 않는다. 산마을에서 배움의 일상을 지내다 보면 자연스럽게 자신이 배운 가치를 표현하는 적당한 용어로서 머릿속에 모이는 개념이며, 그 개인의 경험을 굳이 통일된 용어로 설명하는 것이 '자연, 평화, 상생'이다. 요즘은 우리 사회 속에서, 내 일상 속에서 그 가치의 중요함이 더 절실하게 느껴진다.

특히 올해는 비가 많이 내렸다. 폭염의 기운도 연일 최고치를 넘어서고 있다. 어떤 학자들은 지금 경험한 더위가 앞으로 맞이할 더위 중에서 가장 시원한 더위라고 역설적으로 말한다. 이런 이유로 사람들은 자연의 재앙을 두려워하고 때로는 자연을 원망한다.

최근까지 '지구온난화'라는 용어에 익숙해져 자연의 고통을 얕보았던 우리들은 '지구온난화'를 넘어서는 듯한 '지구열대화'를 맞이했다. 그 현실 속에서 자연에 대한 원망과 두려움이 커진다. 지극히 인간 중심적 생각이다. 인간을 자연의 일부로 생각하였다면 자연이 지금처럼 절규하기까지 인간이 자연에 준 고통을 생각해야 한다. 우리가 자연에 느끼는 두려움과 원망은 역설적으로 자연이 인간에게 느꼈던 두려움과 원망의 절규이다. 사람도 자연의 하나임을 깨닫고 자연 앞에 겸손하게 사는 배움이 필요하다.

또한, 미얀마에서 있었던 쿠데타, 미국과 중국의 갈등과 그것으로 인한 동아시아의 위기, 러시아와 우크라이나의 전쟁, 더욱 격해져 가는 한반도의 갈등 등으로 그 어느 때보다 지구 안에서 일어나는 시끄러움과 반목이 심각하다. 그리고 그 갈등 속에서 개인과 자국 중심의 이해관계가 첨예해지고 일부는 이를 이용한다. 그뿐만이 아니다. 한 사회 속에 내면화되어 있는 갈등과 혐오의 시선도 존재한다. 우리 사회의 안전이 흔들리고 있다. 이런 상황에서 '평화'의 가치를 배우는 것은 매우 중요하다. 나를 넘어선 이웃과 어떻게 관계 맺고 살아야 하는지, 그리고 사회와 세계와의 관계로 확대해 보고 진정한 평화는 무엇인지에 대해 생각해보는 과정이 필요하다. 주어진 세계에서 내 의지로 다시 만나는 세상을 경험하고 점차 이 학교로, 사회로, 세계로 영역을 넓혀보는 경험이 필요하다.

결국은 서로 돕고 같이 사는 공동체의 중요성이 남는다. 자연과 사람이, 사람과 사람이 함께 살아야 한다는 결론을 받아들이는 순간 우리의 손길은 나 자신에 대한 존중 위에 이웃에 대한 사랑으로 넘어선다. 그래서 어느 시기, 어디에서 살아가든 '자연과 더불어 평화롭게 상생하는' 일상을 추구하는 평화주의자(peace maker)가 된다.

자연, 평화, 상생은 결국 같은 말이다. 우리가 만나는 모두는 평등한 자연이어야 하고, 평화이어야 하고, 상생이어야 한다. 산마을에서의 배움은 이것을 일상으로 가져오고자 한다. 활자 매체의 교과서만이 아니라 그것을 뛰어넘어 우리가 만나는 삶이 '자연·평화·상생'을 배우는 일상이기를 바란다. 그리고 우리는 그것을 향해 걸어왔다.

자연을 품은 학교 건축

"학교가 어디예요?"

"주소는 맞는 것 같은데 주변에 학교 건물이 보이지 않아요"

네비게이션이 많이 발전했음에도 학교를 처음 방문하는 사람이라면 한 번쯤 학교를 눈앞에 두고서도 학교에 전화를 걸어온다. "학교가 어디 있죠?". 학교의 생김새에 대한 고정관념이 클수록 산마을은 찾기 어렵다. 그만큼 기존의 학교 건축에 익숙해져 산속 마을처럼 생긴 학교 건축을 학교로 받아들이지 못한다. 지금은 다양한 색감과 곡선의 동선을 추가했지만 기본적인 골격 그러니까 넓은 운동장과 시선을 하나로 모으게 하는 운동장 중앙의 사열대, 그리고 두꺼운 쇠 철문으로 된 닫힌 교문, 직사각형의 건물과 긴 복도 등도 일부 남아있다. 일제강점기부터 이어져오는 근대 학교 건축의 특징이고, 개인적으로는 군입대 후에도 볼 수 있었던 관리형 건축물의 특징이다.

산마을은 흙과 나무와 돌이라는 재료를 활용해서 지었다. 자연에서 구할 수 있는 재료를 사용해서 공간의 수명이 다했을 때 자연에 피해를 주지 않는 모습으로 다시 돌아갈 수 있도록 하고자 하는 의지가 담겨 있다. 그러면서도 건물마다 서로 다른 공법으로 지었다. 흙벽돌집, 통나무집, 흙 귀틀집 등 공간의 생김새와 느낌을 달리했다.

산마을에 사는 사람들이 같은 가치를 공유하더라도 그것을 품고 사는 모습은 서로 다르기에 가능한 건물의 개성이 드러나게 지었다. 든든한 대들보 기둥에 기수별 입학생의 이름이 쓰이는 1학년 교실, 부정형의 창문이 돌담을 품고 자유로움을 뽐내는 2학년 교실, 시선을 한곳으로 모으는 정면 칠판이 안정감 있게 다가오는 3학년 교실 그리고 직선을 대신해 곡선을 살린 건물 사이의 동선까지 산마을의 건축은 있는 그대로의 자연을 닮았다.

산마을의 공간은 단층 건물이다. 학교가 지어지기 전에 다랑논이었던 이곳에 건물이 들어서면서 주변의 환경과 잘 어울릴 수 있도록 기존의 논이 주던 기울기를 그대로 받아들여 건축의 기울기가 자연의 기울기를 넘어서지 않게 신경 썼다.

학교 주변은 돌담이 감싼다. 담의 형태를 보이고 있지만, 경계선은 아니다. 공간을 단순히 구분할 뿐 배타적이지 않다. 오히려 돌담은 마을과 학교를 이어주었다. 돌담을 쌓아주신 마을 어르신들의 손길에 힘입어 마을 안의 학교로 자리 잡을 수 있었다.

산마을을 밝히는 에너지는 자연 에너지다. 햇빛과 땅속의 온기를 활용한다. 지금은 학교 지붕 위의 태양광 발전이 익숙하지만 20년 전 학교 안 태양광 발전소 설치는 쉬운 결정이 아니었다. 물론 학교에서 지열 에너지를 활용하는 것은 더 생소한 일이다. 20여 년이 지나 태양광 설비는 노후화되었지만, 여전히 태양광 발전과 지열은 산마을 냉난방의 주요한 에너지원이다.

거기에 사람의 힘이 더 추가되면 자연에 의존하는 산마을의 힘은 더 커져 간다. 환경의 위기를 자연 에너지의 개발이라는 수단으로 극복할 수 없다. 환경의 위기는 편리해지려는 자연을 포함한 모든 생명이 함께 살려는 목적 아래 조금 불편하게 그리고 조금 덜 풍요롭게 살겠다는 생각의 변환이 필요하다. 이러한 생각이 일상에서 힘을 발휘할 때 산마을의 자연 에너지에 대한 의존도는 더 높아지고 상대적으로 화석연료에 대한 의존은 낮아진다. 산마을에 살면 내 생각이 어디에 있는지 스스로를 돌아보게 한다.

산마을은 에너지 자립을 추구하고 있으나 그 도전은 생각보다 쉽지 않은 과제다. 현재 전기의 경우 자급률은 50% 정도에 밑돌고 있다. 태양광 발전의 노후화도 원인이겠고, 1인 전자기기가 많아져서 전기사용량이 이전보다 많아진 것도 하나의 원인이겠다. 태양광, 지열과 같은 자연 에너지의 비중을 높이는 것도 방법이겠으나 전기의 소비를 줄이는 것 역시 자연과 함께 오랫동안 살아갈 방법으로 받아들여야 한다. 지구열대화의 다른 이름은 낭비되는 전기와 과다한 전력 소비라는 것을 해마다 전력 소비량을 통해 깨닫는다.

산마을에 산다는 것은 낭만적으로 보일 수 있겠으나 결코 쉬운 일은 아니다. 편리와 풍요를 위해 자연과 타인의 삶을 희생시키는 삶을 아무런 의식 없이 받아들이지 않기 위하여 때로는 불편을 감수해야 할 때도 있다. 오히려 지속가능한 세상을 위해 불편이 필요할 수도 있다. 산마을은 지구를 위해 필요한 불편은 배워야 할 불편이라 여긴다. 도시에 비해 산마을 곳곳에서 필요한 불편, 배워야 할 불편이 많다.

자연의 순환고리를 존중하는 학교

산마을 졸업생들이 가장 사랑하는 학교 건축을 꼽으라면 아마도 생태뒷간일 것이다. 2017년 서울 숭례문 화재 때 이를 안타까워하며 눈물을 흘리시던 할머니의 모습을 뉴스를 통해 보고서는 공감하지 못했던 학생들이 생태뒷간 화재 때는 서로 부둥켜안고 눈물을 흘렸던 추억이 있을 정도로 산마을 학생들에게는 사랑받는 공간이었다.

생태뒷간은 다양한 이유로 허물어져 세 번 다시 지었다. 그래서 학교에 다니던 시기에 따라서 졸업생들이 추억해내는 생태뒷간의 모습은 서로 다르다. 그런데도 인상적인 공간을 꼽을 때는 언제나 다섯 손가락 안에 든다. 아마도 공간의 시각적 아름다움보다는 생태뒷간이 갖는 상징적 의미 때문에 좀 더 강렬하게 기억하는 것은 아닐까?

생태뒷간은 학교 본 건물들 사이에 있는 수세식 화장실에 대비

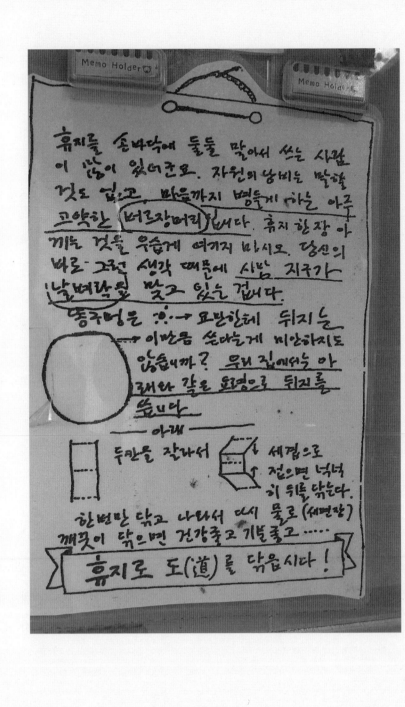

휴지를 손바닥에 둘둘 말아서 쓰는 사람
이 많이 있더군요. 자원의 낭비는 말할
것도 없고 마음까지 병들게 하는 아주
고약한 (버르장머리) 입니다. 휴지 한 장 아
끼는 것을 우습게 여기지 마시오. 당신의
바로 그런 생각 때문에 사방 지구가
낭비감을 맞고 있는 겁니다.

   똥구멍은 ¨:→ 요만침 뒤지는
       → 이만큼 쓴다는게 미안하지도
   않습니까? 우리 집에서는 아
   래와 같은 요령으로 뒤지를
   씁니다

      ─── 아래 ───

   두칸을 잘라서   세겹으로
                    접으면 넉넉
                    히 뒤를 닦는다.

   한번만 닦고 나타서 다시 물로 (세면장)
   깨끗이 닦으면 건강좋고 기분좋고 ……

   휴지로 도(道)를 닦읍시다!

되는 개념이었다. 자연은 순환되어야 한다는 가치 아래 사람의 똥을 버려지는 배설물이 아닌 자연에 되돌릴 거름으로 인식하게 하는 공간으로서의 도구였다. 사람의 똥이 일정 시간을 거쳐 거름으로 거듭나고, 그 거름의 힘으로 텃밭의 작물이 자라고, 그 작물이 식당의 음식이 되고, 다시 음식은 내 안에서 나를 위해 최선의 에너지가 되고 그리고는 다시 똥이 되어 내 안에 있다.

현대인들은 어느새 똥은 더러운 배설물만으로 인식하게 되었다. 그래서 눈앞에서 하얗게 사라지는 수세식의 변기로 흘려보내고는 기억에서 지워버린다. 그런데 분명한 것은 눈과 기억에서 사라졌을 뿐 어딘가에 잠시 머물다가 강으로, 바다로 흘러들어간다는 것이다. 자연과 나의 관계를 이어주는 것이 아니라 끊어내는 과정이다. 산마을은 사람도 자연의 하나고 자연의 순환고리에 담겨 있다고 생각한다. 이 생각을 훌륭한 글과 주장에만 의존한다기보다 일상에서의 경험으로 자극받고 배운다고 할 수 있다.

산마을의 교육활동 - 특성화교과와 야학

"대안학교는 어떤 교과목을 배워요?"
"인문계 학교와는 무엇이 다른가요?"
"산마을고등학교를 졸업하면 학력은 인정되나요?"
산마을고등학교는 인가형 대안학교다. 사실 인가형 대안학교라는 법적 용어는 없다. 기존의 획일적 입시경쟁체제 속의 교육을 비판하며 공교육 내에서 다양한 교육을 추구하는 것으로 법제적으로는 인성과 체험 중심의 특성화고등학교를 의미한다. 이에 따라 국어, 영어, 수학, 사회, 과학 등 일반교과와 학교의 정체성을 포함하는 특성화교과(전문교과)를 개설할 수 있다. 그리하여 산마을고등학교의 일반교과는 대입 수능 점수를 올리기 위한 문제 풀이에 중심을 두기보다는 우리말을 배경으로 문학적, 언어적 능력을 키우고, 수학을 통해 논리를, 그리고 외국어를 통해 자신의 세계를 넓히는 등 기본 교과 본질의 성격에 배움의 중심을 둔다.

현재 산마을고등학교는 2022교육과정에 따라 86단위의 특성화교과를 운영한다. 삶과 철학, 강화사의 이해, 지역 봉사, 생활기술, 진로과제 탐색연구, 생태농업, 통합 기행, 학생자치활동과 토론, 창작활동, 문화비평 등의 교과를 함께한다. 특성화교과는 학교 철학을 구체적으로 녹여내는 교과이다.

각각의 독립적인 교과의 내용이 있지만 더 폭넓게 사유하고, 내 일상에 적용하고, 세상을 향해 실천하고자 하는 배움의 과정은 모든 교과에 녹아있다. 내가 발 딛고 있는 시간과 공간으로부터 배움을 통해 자신의 세계를 확장해가고자 노력한다. 산마을을 거쳐 간 졸업생들이 다양한 공간에서 이웃과 함께 호흡하고, 변화와 창작의 기회에서 스스로의 손으로 움직이고, 건강한 세상을 향해 자신의 마음을 내어주는 경험은 산마을의 특성화교과 경험에서부터 내면에 씨앗으로 만들어져 간다.

정규교육과정 외 교육활동으로 저녁 시간을 활용하여 야간 강

강화사의 이해 - 강화성 남장대

좌를 개설했다. 저녁식사 이후에 운영되기에 '야학'이라는 별칭을 갖고 있다. 야학에 개설된 과목은 해마다 작은 변화가 있었지만, 무학년제와 선택 수업의 방식은 지금까지 이어진다. 저녁 시간의 100분을 몸과 마음을 달래고 예술적 감성을 깨우는 시간으로 선배와 후배가 자유롭게 어우러져 관심사를 나눈다.

낮 시간에 이루어지는 교육활동이 가치를 중심으로 한 배움이었다면, 저녁 시간의 교육활동은 주로 인문학, 예술, 몸을 주제로 열린다. 요가, 자연건강요법, 선과 색 그리고 상상력, 비폭력 대화, 연극, 목공, 서각, 옷 만들기, 인권 이야기, 마이라이프 세미나, 천연 발효 빵 만들기, 가야금, 댄스 등의 활동이 산마을 야학을 거쳐 갔거나 지금까지 이어지고 있다. 월요일부터 금요일과 주말 프로그램으로 운영하였으나 학생자치활동이 활발해지면서 현재는 월요일, 화요일, 목요일에 15개 내외의 강좌가 개설된다. 저녁 시간 때 쉼과 배움이 조화롭게 차려져 있는 것이다. 쉼으로 다시 채울 여백을 만들거나 혹은 아직 채우지 못한 여백을 여유롭게 채울 수 있다.

특히 야학은 졸업생들이 강사로 참여하는 비중이 높다. 하모니카 연주, 평화 강좌, K-POP 댄스, 소설 창작, 영상 메이킹 등 재학 중 맺은 인연들이 야학 강좌 졸업 후 더 전문성을 채워 돌아오거나, 졸업 후 자신이 맞이한 새로운 영역의 전문성에 대한 배움을 후배들에게 강좌로 열기도 한다. 이 밖에도 학부모, 강화도로 귀촌, 귀농한 지역주민들이 강사로 참여한다. 그런 의미에서 산마을을 중심으로 재학생과 졸업생, 지역주민 사이의 배움의 품앗이가 자연스럽게 진행되는 모습을 살필 수 있다.

스스로 성장하는 학생자치문화 –학생자치활동(동아리와 위원회)

"학생들의 자치활동은 활발한가요? 동아리는 무엇이 있나요?"
"하고 싶은 활동 그리고 배움이 필요한 활동"
산마을에는 다양한 학생자치활동이 있다. 동아리와 위원회 활동을
근간으로 하는데 개인의 적성과 관심을 토대로 구성되는 것이 동아
리 활동이라면 공동체의 운영을 위해 필요한 가치를 공부하고 공유
하는 것은 위원회 활동이다. 공동체 안에서 '하고 싶은 것'과 '해야
하는 것'을 함께 배울 수 있는 과정이다. 동아리에는 영농, 영화, 교지
편집, 농구, 사진, 독서, 미술, 볼링, 오케스트라, 풍물, 헬스, 밴드, 댄
스, 작은 축제, 영상편집, 사회참여, 유네스코 협력, 평화 동아리 등
이 운영되어왔다. 해마다 동아리 부원의 적성과 활동에 근거해서 새
롭게 등록되고 또 폐지되고 했지만 해마다 20개 정도의 개성 있는
동아리가 활동했다. 1학급 20명씩 총 3개 학년 60명의 인가 정원이
라는 작은 학교임을 생각하면 학생들의 에너지는 학생 수에 비례하
지 않는다는 생각이 들었다.

한편 공동체의 중요한 가치를 공부하고 공유하기 위한 위원회
활동으로는 기후위기와 먹을거리의 문제를 고민하는 〈순무〉, 평화
롭고 평등한 산마을공동체를 만들기 위한 성평등교육위원회 〈들숨〉,
학내 다양한 의견을 소통의 장으로 이끄는 총회위원회, 학내 체육활

동과 건강한 몸놀이 문화를 만드는 스포츠 위원회, 생활관 자치위원회, 학생회 등으로 이루어진다.

산마을이라는 작은 사회가 건강하고 평화롭게 살아가려면 함께 살아가는 사람들의 참여가 중요하다는 사실을 배우게 된다. 학기에 한두 번씩은 위원회가 주관하는 총회를 통해 구성원들이 공동체의 다양한 가치를 공유하고 토론한다. 산마을에 살면서 공장식 축산의 위협과 자연과 함께 살아가는 비거니즘 등 먹을거리에 대해 고민하고, 배움의 공간이자 거주 공간인 학교에서 함께 살고 있는 사람들과 평화롭고 안전한 관계를 고민하고 함께 실천하려는 다양한 약속들이 총회에서 고민된다. 함께 살아가는 데 필요한 공익적 가치를 다루는 위원회 활동으로 학교문화를 일구어 가는 세심하고 활발한 소통이 자리를 잡는 듯하다.

국경을 넘어 시민으로. 세계시민교육
-한·일 교류와 한·베 교류 그리고 우퍼

"국제교류에는 어떤 프로그램이 있나요?"
"산마을 국제교류의 특징은 무엇인가요?"

개항 100년을 맞아서 강화도가 갖는 상징성 때문에 한일역사교사대회가 산마을고등학교에서 개최되었다. 한국과 일본의 역사 교사가 개항을 주제로 수업을 발표하고 수업사례를 나누었다. 역사를 매개로 해서 교류의 폭을 넓히고자 했던 마음은 2007년부터 일본 사이

타마현의 자유의 숲(지유노모리) 고등학교와의 교류로 이어졌다. 여름과 겨울 상호방문의 형식으로 교류 테마와 일정 구성은 양국의 역사 교사가 맡기로 했다. 역사와 정치의 문제 앞에서는 표정이 굳어버리면서도 대중문화 앞에서는 환하게 웃음과 이야기를 나누는 모습을 보면서 만남을 통한 문화체험을 넘어 한·일간의 역사문제를 보편적 가치를 기준으로 나눌 수 있도록 포럼을 운영하였다.

시간이 지나면서 포럼의 주제는 역사문제를 넘어, 양극화와 청년의 문제(청년 실업, 빈곤, 주거문제 등) 그리고 두 나라의 민주주의와 저출산 문제 등 사회적 주제로 확대되어 갔다. 일본과의 국제교류를 경험했던 졸업생들은 자발적으로 졸업 후 이어지는 한일 청년 교류를 만들어 같은 세대로서의 교류를 계속 이어갔다. 곧 두 학교의 교류는 20주년을 앞두고 있다.

산마을과 자유의 숲 교류는 한·일 간의 교류라는 특수성 때문에 가해와 피해의 입장에서 주제가 다루어지는 성격이 짙었다. 침략과 정의롭지 못함이라는 보편적 가치를 만나기 전에 가해와 피해의 입장에 갇히기도 했다. 그로 인해 역사적 현상을 보편적 가치로 파악하고 배우는 경험에 대한 욕구가 생겨났다. 이즈음 새로운 해외이동학습 프로그램을 모색하던 중 베트남 평화기행에 주목했다. 우리와 유사한 역사적 경험을 지니고 있으면서도 베트남 전쟁에서는 민간인에 대한 피해가 생겼다는 부분에서 일본과의 교류와는 또 다른 경험을 하게 되었다. 베트남 평화기행은 공정여행, 베트남 내 소수민족 문화 체험, 그리고 베트남 전쟁 당시 한국군 주둔 지역 시민들과의 만

남, 베트남 다낭대학교 한국어과 학생들과의 교류 등으로 구성했다.

이 밖에도 덴마크의 전환학교형 대안학교인 뢰슬링 에프터 스콜레 학교와 국제교류, 우퍼 교류 등이 운영되고 있다. 특히 우프(WWOOF)는 유기농 농장에서 자발적으로 일하는 사람들(Willing Workers On Organic Farms)이라는 뜻인데 우퍼에게는 노동력을 제공받고 농장은 식사와 잠자리를 제공하는 팜스테이 프로그램이다. 산마을은 학교의 특성을 감안해서 자원봉사들의 노동력은 학교 농사일과 학생과의 문화교류 방식으로 운영해왔다. 2008년부터 지금까지 스위스, 타이완, 독일, 벨기에, 프랑스, 체코, 미국, 싱가포르, 일본 등 다양한 나라에서 산마을을 다녀갔다. 지금은 산마을 졸업생들이 우퍼가 되어 영국, 독일, 미국 등지로 여행을 떠나고 있다.

코로나로 인한 출입국 제한으로 3년간 멈춰 있었던 국제교류 프로그램은 2023년 1월 다시 열렸다. 교류 환경이 많이 변했고 그동안 쌓여왔던 인적 네트워크에도 많은 변화가 생겼다. 그러나 역사적 진실, 인권과 평화 등 보편적 가치를 함께 공유하고 지켜나가고자 하는 산마을 국제교류의 지향은 변함없이 움직인다.

자연과 함께 땀 흘려 살기 - 생태농업과 텃밭 가꾸기

"입학하면 텃밭을 준다고요? 농업학교인가요?"
"학교 급식에 쓰이는 쌀은 어디서 오나요?"
산마을에 입학하면 두 평 남짓한 텃밭을 나누어 준다. 미술 시간을 활용하여 텃밭의 이름표를 만들고, 학기 초 제철에 심을 수 있는 모종과 씨앗이 펼쳐지면 이때부터는 텃밭 주인의 시간이다. 작은 텃밭을 디자인하고 내 손으로 만들어지는 작은 생명의 공간을 만든다. 시간이 흘러 내가 만날 다양한 열매를 꿈꾸고, 흙의 촉감을 기억한 채 씨앗의 자리를 잡는다. 열매가 열리기까지 제법 긴 시간 동안 만남이 이어진다. 수업 시간을 활용하기도 하고, 학년 반을 구성하는 학급 구성원이 모두 모여 아침을 맞이하는 텃밭 모임 시간을 활용하기도 하나 그것으로는 역부족이다. 주어진 자유시간을 쪼개서 나누고 또 산책의 경험을 경험하지 않으면 깔끔한 밭과 튼튼한 열매와의 만남은 쉬운 일이 아니다.

흔히 텃밭은 사람이 작물을 키운다고 생각하지만, 사실은 작물과 사람이 함께 자라는 곳이다. 손과 마음이 교감하는 시간을 통해 성장을 위해 얼마나 많은 손길과 정성과 마음이 만나야 하는지를 경험하게 된다.

산마을학교는 논으로 둘러싸여 있다. 봄에 손 모내기를 하고 중간중간 피를 뽑는 데 손을 보태면 산마을학교는 황금색 들녘으로 둘러싸인 황토빛 마을로 변한다. 저녁이 되면 이 마을을 휘감는 저녁노을의 강렬함이 하루의 피로를 녹인다. 익숙하지 않은 공동체 생활과 집 떠나 사는 산마을 학생들이 삶 속에서 어느새 마음을 위로받는 순간이다. 학생들은 밤의 별빛과 저녁의 노을이 자신을 키운다고 거침없이 이야기한다. 산마을의 논과 밭에서 자란 작물들은 고스란히 산마을 사람들의 음식 재료가 된다. 특히 쌀은 온전하게 자급한다. 필요할 때마다 벼를 오 분으로 도정해서 먹는다. 산마을 밥맛이 맛있는 이유는 별빛과 노을빛을 받고 자란 산마을 학생들의 손맛을 닮았기 때문이다. 거기에 내 입에 들어가는 쌀이 어디서 오는지, 어떠한 손길로 보살핌을 받는지 쌀의 생명 주기를 통해 나를 향한 보살핌의 손길을 온전히 살필 수 있다.

학교와 사회를 이어주는 배움터 – 학교협동조합 '마테'

"산마을에서의 배움이 졸업 후의 삶과 어떻게 연결될까요?"
"학교협동조합에서는 어떤 활동을 하나요?"
산마을에서 가장 높은 건물에 산마을의 지붕선을 감상할 수 있는 산마을 테라스가 있다. 이곳은 산마을 사람들의 휴게공간이면서 동시에 학교협동조합의 사무실이기도 하다. 학교협동조합의 이름도 여기에서 따왔다. 산마을테라스-마테! 2015년에 활동을 시작한 마테는 인천광역시 최초의 학교협동조합이다.

공간적으로 마테는 휴식과 만남의 공간인 카페와 물품 판매의 공간이지만 바른 먹을거리와 강화 생협 등 지역 소비자협동조합과의 연계 활동에도 관심을 쏟는 등 학교를 넘어선 실천의 공간이기도 했다. 학교가 자리 잡은 양도면 삼흥리를 중심으로 지역과 학교가 서로 교류할 방안에 대해 고민하면서 다양한 마을사업을 진행하였고 더불어 학교 졸업 후 참여할 수 있는 대안 사회에 대해 공부하는 "대꼬-대안사회 GOGO" 프로그램 등으로 대안적 상상력을 키우기도 하였다.

무엇보다 생태적 불평등, 성 불평등, 노동과 세대적 불평등의 문제에 대해 깊이 있는 공부 모임이 만들어졌다. 졸업 후 당장 사회로 나갈 예비 사회인이라는 당사자 입장에서 당장 경험할 불평등에 대해 주체적으로 대처하기를 기대했다.

재학 당시의 산마을 학교협동조합 활동은 졸업 후 청년의 지역 정착을 위한 '강화도 한 달 살기 프로젝트', '지역 청년협동조합과 연대 활동' 등으로 확대되었고, 지역에 남아 청년활동가로 사는 졸업생들이 나타났다. 학교에서 대안적 가치를 배웠다면 이를 일상으로 가져와 실천하는 경험으로 발전시켰다. 혼자의 힘이 아니라 가치의 공유와 함께하는 실천의 힘을 일상에서 느끼게 해주었다.

더 넓어진 산마을 - 마을교육공동체

"작은 학교의 장단점은 무엇인가요?, 어떻게 극복하죠?"
"마을과 함께하는 활동에는 무엇이 있을까요?"

농촌에서 자연과 함께 살아가는 것은 분명 사람의 성장에 있어 굉장한 축복이다. 다만 도시 중심의 사회에서 걱정되는 것은 농촌의 작은 학교가 가진 부족한 교육자원이다. 산마을이 자리 잡은 강화군 양도면에는 양도초등학교와 조산초등학교, 동광중학교, 산마을고등학교, 가톨릭대학교가 있다. 면 단위의 행정구역 안에 초, 중, 고, 대의 학제가 모두 있는 것은 드문 일이다. 혹 양도면의 학교가 각자 가진 교육역량을 나눌 수 있다면, 한 아이의 성장을 위해 '입시'를 넘어 배움의 본질로 돌아갈 수 있다면 서로 상생하며 학생과 학교와 마을의 성장을 도울 수도 있다.

마을도 이러한 흐름에 공감하고 학교 단위를 넘어 마을 단위의 교육 공동체로의 전환에 작은 걸음을 내디뎠다. 양도면 진강산 마을 교육공동체와 함께 마을 축제와 놀이, 장터(씨마켓)를 경험한다. 마을과 함께하는 축제에 산마을 풍물패가 길놀이로 열어주고, 학교 영농단이 만든 매실 효소와 쌀을 파는 셀러로 참여하기도 한다.

학교 간 교육활동 교류에 있어서는 학교급의 벽을 허물고 초등학생들의 모내기 체험을 위해 논을 내어주고 추수하고서는 떡을 함께 나눈다. 또 산마을이 가지고 있는 채식 위주의 자연 음식 레시피로 초, 중학교 학생들과 함께 음식 수업을 마련하기도 했다.

또한, 마을의 재능을 가진 주민들을 야학의 강사로 초빙하여 학생과 마을주민이 함께 배우는 열린 야학을 운영하고, 기후위기를 주제로 방학 세미나 프로그램을 운영하기도 한다. 부족한 공간을 위해 인근 초등학교에서 특별실을 열어 주기적으로 도움을 주고받는다. 마을의 빵집이 수업 공간이 되기도 하고, 또 진로 체험을 위한 작업장이 되기도 한다. 최근에는 지역과 마을을 주제로 한 공동교육과정을 모색하고 있다. 지역에 대한 이해와 애정을 더 깊게 하고, 서로를 더 자주 만날 수 있고, 청년이 되어 다시 지역으로 돌아올 수 있는 인식과 경험의 교육과정을 꿈꾸고 있다.

II

산마을 너머

삶과 철학

"삶과 철학의 목표는 '사유'에 있다. 다양한 의견에 대한 자기 생각을 정립하는 과정에서 고립된 삶이 아닌 사람과 사회 그리고 자연과의 공존에 대한 의식이 자란다."

이름부터 묵직한 이 과목은 '나'로부터 시작하여 내 주변을 둘러싸고 있는 것들에 대해 생각하는 시간이다. 책 또는 토론을 통해 삶의 가치들을 일상의 언어로 풀어내고, 다양한 관점에서 해석해 보는 시간을 가졌다. 여러 가치에 대하여 스스로 고민해보는 과정을 통해 세상을 보는 시야를 넓히고, 각자의 것으로 만들기 위해 함께 노력했다. 이런 과정을 통해 배운 어떤 가치들은 우리 마음속 깊숙한 곳에 자리 잡았다. 우리의 삶이 더 가치 높을 수 있도록 내면을 자극하는 '삶과 철학'은 내가 발 딛고 살아갈 내 삶의 터전에서 '함께 사는 삶의 방식'을 고민하는 경험을 품게 해주었다. 언제든 그리고 어디에서든 '살아가는 대로 생각하지 않고, 생각하며 살아갈 수 있는' 내 삶을 소중하게 여기게 한 시간이었다.

불확실한 삶, 확실한 기쁨

: 세미나로 보낸 나의 20대 이야기

10기. 고전비평공간 규문에서 철학을 공부하며 살고 있다. 읽고 쓰고 공부하는 몸을 만드는 20대를 보냈다. 공부를 통해 더 많은 존재와 연결되는 삶을 모색한다. 『청년, 니체를 만나다』(북드라망, 2018)를 썼다.

대책은 없지만, 후회도 없다

언젠가 반드시 후회할 날이 올 거라고 생각했다. 일반 학교의 또래들은 잠을 줄여가며 공부하고 있다. 산마을의 친구들도 미술이든 연기든 음악이든 뭐든 자기 길을 찾기 위해 노력하고 있다. 나와 매일 밤 사감 선생님 몰래 라면을 끓여 먹던 친구 놈들조차 하나둘 '수능특강'을 듣기 시작한다. 그런데 나만 이렇게 아무것도 안 하고 있어도 괜찮을까? 그렇지만 그 무엇도 내게는 와 닿지 않았다. 딱히 하고 싶은 것도 없는데 적당히 학과를 정하고 점수를 맞춰서 대학에 간다는 게 이상하게 느껴졌다. 그림 그리고 기타 치는 걸 좋아했지만, 내가 진지하게 매진할 일이라는 생각은 들지 않았다. 어느 쪽에도 별로 의욕이 안 생겼다. 졸업하면 아무래도 돈을 좀 모아서 여행을 다니게 되지 않을까? 마치 남의 일인 듯 그렇게 막연히 추측하며 나는 최고로 느긋한 고등학교 시절을 보냈다. 풋살도 하고, 기타도 치고, 연애도 하고, 라면도 끓여 먹으면서. 불안하지 않았던 건 아니지만, 불안하다는 이유만으로 내키지 않는 일을 하고 싶진 않았다.

그렇게 고등학교를 졸업한 지 이제 10년이 조금 넘었다. 의외로 (?) 나는 내 학창 시절을 조금도 후회하지 않는다. 물론 당시 나의 몸가짐만큼이나 마음가짐도 너그러웠다면 어땠을까, 선생님들과 친구들에게 좀 더 마음을 열었다면 어땠을까 하는 아쉬움은 남는다. 행동거지는 한량이나 다름없던 주제에, 나는 꽤 날 서 있고 대하기 어려운 십 대였다. 아마도 이렇게 저렇게 살아야만 하고 이렇게 저렇게 하지 않으면 큰일이 날 거라는 유·무언의 압박을 밀어내면서 '있는 힘껏 아무것도 안 하기'에 매진하느라 주위를 둘러볼 여유가 없었던 모양이다.

어쨌든 최고로 느긋하고 대책 없던 그 시절 자체에 대해서는 아무런 불만도 없다. 많은 일들을 겪었고 또 많은 변화가 있었지만 삶을 대하는 내 태도는 크게 달라지지 않았다. 나는 여전히 느긋하고 대책 없이 살고 있다. 다만 이제는 '잘 사는 방법'이나 '살 만한 가치가 있는 삶' 같은 게 따로 있지 않다는 걸 조금씩 더 확신하고 그러면서 마음의 여유가 좀 더 생겼다.

나는 군대를 전역한 2016년부터 지금까지 만 7년간 혜화동에 있는 '고전비평공간 규문'(이하 규문 또는 연구실)에서 철학을 공부했다. 철학에 특별히 뜻이 있었던 건 아니다. 알바를 하며 여행을 준비하던 중 산마을 선배 하나가 누구든지 와서 공부할 수 있는 대학 밖의 인문학 연구공간을 추천해 주었고, 공부해서 손해 볼 건 없겠다 싶어 가벼운 마음으로 강좌를 신청했다. 조그만 2층짜리 건물의 문을 열자 누군가는 노트북을 노려보고 다른 누구는 독서대 밑에 두꺼운 책들을 받치고 척추를 곧게 편 채 책을 읽는 광경이 보였다.

세미나가 시작되자 각자가 정성 들여 써온 과제를 읽었고, 그에 대한 세심하고 애정어린 코멘트가 오갔다. 모두가 진지했지만 세미나 내내 웃음이 끊이지 않았다. 특별히 웃긴 얘기가 있었던 것도 아닌데. 책 내용에 대해 자유롭게 떠들고 과제에 담긴 서로의 고민과 질문을 함께 나누는 과정 자체가 너무나 즐거운 모양이었다. 다행히 규문 사람들은 돈 벌 생각도, 대학 갈 생각도 없는 젊은이인 나를 두 팔 벌려 환영해주었다. 규문에는 어디에서도 들어본 적 없는 이야기를 하는 사람들과 공짜 밥과 매일 가서 책을 읽을 수 있는 공부방이 있었다. 그런 것들이 마음에 들어서 나는 여행 계획을 접고 규문에 눌러앉았고, 어느새 그곳의 진지하면서도 와자지껄한 분위기에 녹아들었다.

규문에서는 공부 모임을 '세미나'라고 부른다. 학교의 수업이나 대학의 강의와 달리 세미나에서는 모든 세미나 구성원이 발언하도록 권유받는다. 10대부터 60대 이상까지 다양한 연령의 학인들이 각자의 욕망과 공부의 경로에 따라 제각각의 방식으로 책을 읽고 자유롭게 자기 생각을 나눈다.

세미나에서는 어떠한 독해도 허용된다. 동시에 모두에게 강도 높은 독해가 요구된다. 책 내용을 떠나서 자기 얘기만 하거나, 자기 현실과 무관하게 이론이나 개념에만 몰두하거나, 어떤 책을 읽어도 같은 말을 반복한다면 동료들의 날카로운 지적을 피할 길이 없다. 세미나에서는 나이나 사회적 지위는 물론이고 지적 능력이나 공부의 경력과도 무관하게 모두가 평등하다. 각자가 책을 읽고 과제를 작성하며 고민한 만큼 발언하고 참여할 수 있기 때문이다.

세미나는 독특한 우정의 공동체를 만들어 낸다. 함께 공부를 하다 보면 자연스레 서로의 고민과 삶의 궤적과 공부의 맥락 같은 것들을 알게 된다. 그리고 그런 것들을 알아가다 보면 서로의 고민이 연결되어 있음을 깨닫게 된다. 그런 과정에서 나는 은퇴 이후의 삶을 무엇으로 채워나갈지를 고민하는 부모 세대의 문제와 노동시장에 삶을 내맡기고 싶지 않은 우리 세대의 문제가 연결되어 있음을 알고 고개를 끄덕이게 되었다. 또 20~30대 중심의 젠더 갈등과 공정 담론에서 배제된 중년 여성들의 목소리에 귀 기울이게도 되었다. 10대들과 공부하며 기후변화에 대해 진지한 책임감을 지니게 되었고, 50~60대와 공부하며 나이 듦에 대한 나의 편견과 혐오를 의심해보게 되었다. 그렇게 공부를 매개로 한, 연령과 경험과 기질을 뛰어넘

은 우정의 관계는 세상을 보는 나의 관점을 확장하고 나의 질문을 구체적인 형태로 만들어 주었다. 세미나는 나의 업무이자 놀이였고, 삶의 현장이자 배움터였다.

세미나로 살다

나는 내 20대를 세미나로 살았다. 세미나를 하며 그전에는 이름도 잘 몰랐던 철학자들의 사유를 접했다. 혼자서는 엄두도 내지 못했을 낯설고 난해한 책들을 세미나의 힘으로 읽어냈다. 그리고 세미나를 하며 20대를 보내는 동안 대학에 가거나 직장에 취직하지 않고도 즐겁고 치열하고 충만한 삶을 살 수 있다는 것을 깨닫게 되었다. 10대 시절의 내가 불안했던 것은 무언가를 소유해야만 잘살 수 있다는 생각을 버릴 수 없었기 때문이다. 타고난 재능이나 남다른 스펙이나 막대한 재산 같은 것이 있어야만 자유롭고 행복한 삶을 살 수 있다고 믿었다. 그런 희소한 자원을 갖고 태어나지 못했을 뿐만 아니라 쟁취하고자 하는 열망조차 부족한 나 같은 사람들은 지겨운 노동을 대가로 그저 그런 즐거움을 누리며 살아갈 수밖에 없다고 생각했다. 그래서 어디론가 달아나고만 싶었던 것 같다.

그런데 규문에는 전혀 다른 원리가 작동하고 있었다. 우선 철학 공부는 내게 소유의 논리를 따르지 않는 즐거움을 경험하게 해주었다. 철학 공부의 즐거움이란 지식의 획득이 아니라 상식의 해체로부터 비롯된다. 어떤 위대한 사상도 삶의 문제를 해결해 줄 수는 없다. 다만 철학자들이 남긴 사유의 흔적들은 자기 현실을 이전과 다른 방식으로 문제화할 수 있는 재료를 제공한다. 철학자들이 특별하고 대단한 존재라서가 아니라, 철학을 한다는 것이 본래 사람들이 적당히 퉁치고 뭉개며 넘어가는 문제들을 무모하게 물고 늘어지는 일이기 때문이다.

한 사람이 자기 질문을 붙들고 나아간 궤적은 다른 이들에게 가닿아 다르게 생각하고 질문할 수 있는 계기를 준다. 그래서 어떤 철학이든 진지하게 공부하다 보면 자기 삶과 연관되기 마련이고, 그러다 보면 이전에 당연했던 것이 더 이상 당연하지 않게 느껴지는 순간이 온다. 나의 상식이 무너지고 세계가 다른 방식으로 감각되는 순간. 그런 순간들은 비교도 보상도 필요하지 않은 해방감을 선사한다.

물론 일단은 먹고살 수 있어야 공부도 할 수 있다. 분하지만, 철학자들은 대개 날 때부터 생계로부터의 자유를 획득한 운 좋은 인간들이었다. 그런데 참으로 다행인 것은 우리를 진정으로 즐겁게 하는 일들을 실행에 옮기는 데는 그다지 많은 것들이 필요하지 않다는 점이다. 사유를 하고, 글을 쓰고, 악기를 다루고, 춤을 추고, 그림을 그리고, 누군가를 돌보고, 정치적인 모의를 하거나 우정어린 대화를 나누는 등. 무언가를 소유하고 과시하는 쾌감이 아니라 자신이 지닌 잠재력을 발휘하는 즐거움에 집중한다면, 또 그런 즐거움을 어떤 방식으로든 다른 이들과 나눌 수 있다면 자신이 하고자 하는 일을 지속할 수 있는 길은 얼마든지 있음을 발견하게 된다. 운이 좋으면 그 과정에서 생계가 저절로 충족되어버리기도 한다.

나의 경우가 그랬다. 내가 생계에 대한 걱정 없이 하고 싶은 공부를 할 수 있었던 것은 규문이라는 공간 덕분이다. 나는 규문 회계에서 지급되는 최소한의 활동비로 집세를 비롯한 잡다한 비용을 충당하고, 규문 주방에서 동료들과 함께 매일 두 끼 밥을 지어 먹으며 살았다.

그런데 생각해보면 내가 걱정 없이 공부할 수 있었던 건 규문이라는 '기관' 덕분이라기보다는 규문을 매개로 이어진 무수한 '관계' 덕분이었다. 규문이라는 공간 자체가 애초에 공부를 하고 또 공부를 통해 다른 이들과 연결되고자 하는 열망으로 작동하고 유지되는 공간이기 때문이다.

규문에서는 많은 것들이 돈을 매개하지 않은 채 오간다. 학인들은 식재료나 반찬 같은 것들을 선물하고, 나 같은 상근자들은 자발적으로 공간을 돌보고 사람들을 맞이한다. 아낌없이 서로의 공부를 나누고 질문을 공유한다. 공동의 즐거움을 함께 만들어간다는 감각이 대가 없는 증여와 돌봄을 가능하게 한다. 이런 관계 속에 있기에 규문은 이윤을 추구하거나 자본을 확보하지 않고도 그런대로 안정적으로 굴러갈 수 있고, 나 역시 넉넉하지 않은 살림을 풍요로움으로 바꾸는 경험을 할 수 있었다.

이런 경험 덕분에 반드시 무언가가 되어야만, 무엇을 갖추어야만 살아갈 수 있는 것은 아니라는 사실을 알게 되었다. 우리는 가치 있는 삶의 기준이 존재하고 그것이 돈이나 능력이나 졸업장이나 팔로워 수 같은 희소한 자원들을 획득하는 것과 관련된다는 생각에 너무나 익숙해져 있는 것 같다. 하지만 지식을 많이 갖는다고 현명해지는 것이 아니듯, 희소한 자원을 더 많이 소유한다고 자유로운 삶을 살게 되는 것은 아니다. 대신 소유에 대한 환상에서 벗어나 자신의 느낌에 집중하고, 우연한 만남에 마음을 열고, 부대낌을 수반한 연결에 몸을 맡긴다면, 강박적으로 삶을 통제하고 계발하려 들지 않아도 얼마든 충만한 기쁨을 만들어 낼 수 있다. 이런 종류의 기쁨은 절대 희소하지 않다.

연구실을 떠나며

이 글을 청탁받을 때까지만 해도 소속이 있었는데 글을 쓰고 있는 지금은 떠돌이 신세가 되었다. 문득 '떠날 때가 되었다'라는 느낌이 들었고 점차 그 느낌이 확신으로 변했다. 그래서 내 20대의 대부분을 보낸 정든 공부 공동체를 무작정 떠나기로 결심했다. 나는 규문에서 아주 많은 것들을 받았다. 1년에 책을 다섯 권 이상 읽어본 적 없던 내게 이제는 읽고 쓰는 일이 꽤 자연스러워졌다. 신뢰하고 배움을 구할 수 있는 선생님을 만났고 수많은 사람들과 공부를 통해 찐한 우정을 나눴다. 아직 제대로 소화하지 못한 놀라운 사유들을 접했다. 그러나 지금은 아마도 내가 규문에서 받은 것들을 더 키우고 펼치기 위한 낯선 토양이 필요한 시기인 것 같다.

산마을을 떠날 때 아무런 대책이 없었던 것처럼 규문을 떠나는 지금도 내겐 별다른 대책이 없다. 일단은 내가 더 즐겁게 공부할 수 있는 새로운 방식과 환경을 찾아볼 생각이지만, 아직 무엇도 확실치 않다. 어디서 누구와 어떤 공부를 하게 될지, 아니면 아예 철학 공부가 아닌 다른 길을 찾게 될지, 나도 모른다. 그렇지만 산마을을 떠날 때만큼 불안하지는 않다. 우여곡절이야 있겠고 고생깨나 할지도 모르지만, 초조함에 시야가 가려지지 않는 한 언제 어디서든 즐겁게 살아갈 수 있는 길을 찾아낼 수 있을 거라 믿기 때문이다.

새로 이야기

이슬

15기. 뉴스1 기자를 시작으로 지금은 스브스뉴스 기획 PD로 일한다. 철학을 전공하며 끝없는 이상을 꿈꿨던 학창 시절 너머 지독한 현실의 존재를 깨닫게 되었고 최근에는 '나 다운 삶'이 무엇인가를 끊임없이 고민하고 있다. 세상 보는 눈이 흔들리지 않게, 그리고 깊이 있게 통찰하기를 끊임없이 바란다.

산마을에서 나를 키웠던 선생님들, 부모님들은 항상 이렇게 말했다. "지금 너의 산마을 속 배움이 인생에 자연스레 스며들어 있을 거야." 배움과 성장은 눈에 보이지 않는다. 아주 아득하다.

　좌충우돌했던 많은 시간을 거쳐 난 26살이 됐다. 이제는 좀 증명할 수 있지 않을까. 그간의 내 시간에 산마을이 스며들어 있을까? 문득 궁금해졌다. 그렇기에 기회가 생긴 김에 선뜻 펜을 집었다.

나의 하루는 이렇다.

나에겐 온전한 퇴근이 없다. 무엇이든 뉴스가 될 수 있고, 뉴스가 될 만한 일은 아쉽게도 예측이 어렵기 때문이다. 세상을 파악하려면 혹은 다른 경쟁 매체에 물먹지 않으려면 매 순간 긴장 상태를 유지해야 한다. 나는 뉴스 콘텐츠를 만든다. 사회적 이슈를 집중적으로 캐기도, 그 이슈를 수면 위로 올리기도 한다. 역사적으로 기록될 만한 큰 사건이 일어나면 누구보다 먼저 현장으로 간다. 기사보다는 영상 중심이라 직함이 애매한데 한때 기자로 불렸고, 이직한 회사에서는 PD로 불린다.

나는 전남대학교에서 철학을 전공했다. 신문방송학도 복수전공했다. 졸업 후에는 서울로 올라와 언론사에서 인턴 생활을 했다. 한국경제신문 계열사 중 한 곳에서 농업 관련 기사를 썼다. 이후 언론통신사 중 한 곳에 입사해 기자 생활을 시작했다. 인턴으로 6개월을 다니다 운이 좋게 정규직으로 전환이 됐다. 1년 넘게 버텼고 (정말 말 그대로 버텼음…) 얼마 전 SBS 스브스뉴스에 입사했다. 기획PD로 근무하며 주로 아이템을 찾고 취재 후 영상을 구성해 편집팀에 맡겨 콘텐츠를 출고한다.

난 어쩌다 기자가 되었나?

인생은 정말 한 치 앞도 볼 수 없다. 난 어쩌다 이 언론의 길로 빠져들었을까? 돌이켜 생각해보니 산마을고등학교가 시작이었다. 내가 산마을에 다니던 2016년, 그해는 특히나 광화문에 사람들이 모일 만한 일들이 많았다. 매주 친구들과 집회에서 촛불을 들었던 그 격동의 해를 어떻게 잊을 수 있을까. 나를 마침내 언론으로 이끈 건 그때 느꼈던 벅찬 감동이었다. 정치의 판가름을 떠나, 사회의 일원으로서 한몫했다는 뿌듯함이 동력이 되었다.

산마을에서 허구한 날 토론하고 글을 썼던 것도 영향을 줬다. 산마을을 다니면 글을 쓸 일이 무척 많다. 소설, 시, 발표문, 산삶글. 특히 편지를 그렇게 많이도 쓴다. 애정, 사랑, 사과의 표현도 편지를 이용한다. 토론도 마찬가지. 그 구성원 안에서 살아남으려면(?) 토론과 논의는 필수다. 그리고 그 경험들은 생각을 '표현'하는 방법을 알려줬다. 내 머릿속 생각을 글과 말로 명확히 표현하는 훈련을 했다. 덕분에 자기주장이 좀 강할지라도 정확히는 말할 수 있는 사람이 되었다.

무엇을 취재해야 하나?

오전 7시. 눈을 뜨면 포털 기사를 보기 위해 휴대폰을 켠다. 내가 모르는 일들이 터져 나오면 그날은 야근 확정이다. (야호!) 다행히(?) 그런 상황은 많지 않다. 영상은 기사와 달라서, 짧은 텍스트로 모든 내용이 파악되는 아이템은 다루지 않기 때문이다. 퇴근한 저녁부터 아침까지 시간이 날 때마다 발제를 찾는다. 발제는 〈내가 제작할 콘텐츠의 주제〉를 적는 것이다. 데스크에 내가 왜 이 아이템을 선정했는지 설득하는 과정이기도 하다. 이 과정은 매우 중요한데, 내가 이번 주에 무엇을 할지 결정하는 일이기 때문이다.

모든 기자, PD들이 이 과정에서 난항을 겪는다. 같은 내용이지만 다른 나만의 관점을 세워야 하기 때문이다. 예컨대 〈폭우〉와 관련된 아이템을 찾아야 한다면 "폭우로 ○○지역이 피해를 당했다." 등 누구나 다 생각할 만한 주제는 발제 거리가 되지 못한다. 유튜브로 나가는 뉴스는 더욱 그렇다. 100% 확률로 데스크에 의해 킬(거절)되기 때문이다. 남들과는 다른 '한끗'을 찾는 데 집중한다. '폭우'라는 주제에서 한발 더 나아가는 것이 중요하다. 전국 지역구에서 폭우에 잘 대처했던 사례, 폭우 피해 지역의 결정적 이유 등을 찾는다. 이 과정에서 유의미한 취재 거리를 얻는다면 그걸로 제작에 들어간다.

창작의 고통은 어마어마하다. 생각의 관점을 바꾸는 일도 쉽지 않다. 보고 싶은, 동시에 봐야만 하는 뉴스를 만드는 것이 목표지만, 동시에 굉장히 어려운 일이기도 하다. 그럼에도 내가 즐겁게 일을 하고 있는 이유는 산마을에서 '스스로 생각하는 법'을 배웠기 때문이 아닐까. 종종 그런 생각을 한다. 같은 일을 겪고도 각기 다른 생각을 하는 친구들과 친해지지 않았더라면, 그 과정을 논의하는 법을 배우지 않았더라면, 그것을 글로 표현하지 않았더라면, 지금의 난 조금 다른 사람이었을지도 모른다.

나는 지금 어디쯤에 있을까?

더 나은 사람이 되고 싶다는 욕구는 누구에게나 존재한다. 생각해보니 산마을은 내게 '더 나은 사람'의 기준을 세워 주었다. 신입 기자로 버틴 1년은 무척 고됐다. 사회는 학교와 다르게 '차근차근'이라는 그 자체가 없었다. 연습은 없고 온통 실전만 있었다. 수직적인 기자 사회에도 적응해야 했다. 이렇다 할 사건이 터지면 곧장 그곳으로 튀어가야만 했다. 선배들에게 깍듯하게 대하고 취재원에게 집요해야 했다. 무엇보다 나를 고되게 만들었던 건 그렇게 치열하게 임해도 의미가 없다고 느껴졌을 때가 있다는 사실이었다.

이제는 이해할 수 있는 말이 있다. 결국엔 언론사도 회사라는 것. 일을 하다 보면 내 가치관과 신념을 벗어나는 기사를 써야 할 때가 있다. 그게 돈이 되기 때문이다. 유튜브는 특히나 구독자 중심으로 수익구조가 만들어지기 때문에 더욱 '돈이 되는 뉴스'에 민감하다. 데스크의 요구를 말없이 따라가야만 할 때 닥치는 무력감은 상상을 초월했다. 예를 들면 이런 것이다. 고등학교 때 평화를 외치던 내가 기자라는 명함을 들고 밀리터리 관련 기사만 주구장창 쓸 때. 그리고 그 기사와 영상을 정말 쓸 수밖에 없는 상황에 놓일 때. (일부 예시로, 다른 경우도 엄청 많았다.)

그럴 때마다 내가 기자를 처음 꿈꿨던 그 순간을 회상했다. 산마을 친구들과 치열하게 세상을 탐구했던 때를 기억한다. 이게 맞나? 이렇게 계속 살아가도 되나? 계속된 물음은 나를 반성하게 했다. 더 나은 사람이 되고 싶었다. 산마을에서 내가 외쳤던 순수한 가치들을 조금이라도 실천하는 사람이 되고 싶었다. 더 나은 사람이 되고 싶다는 마음은 나를 좋은 방향으로 이끈다. 언제나 노력하는 사람이 더 나은 결과물을 만들어내기 때문이다.

산마을이라는 울타리를 벗어난 지 7년이 지났다. 강화를 떠난

후 난 조금 조급한 마음으로 사회에 뛰어들었다. 그간 나는 졸업 후 대학 - 취업이라는 일종의 '표준'에 들기 위해 다분히도 노력했다. 그리고 그 과정에서 사실 스스로를 돌아보지 않았다. 그저 앞만 보고 달렸던 것 같다. 부끄러운 일이지만 사실이다. 산마을을 다닐 때와 비교하면 난 그다지 일이나 직업에 대해 크게 생각하고 살지 않는다.

산마을이 내 인생에 준 '영향력'에 대해서만 초점을 맞춰 글을 썼다. 이번 기회에 산마을을 돌아보며 생각하고 싶었다. 눈에 보이지 않는 경험들을 글로 옮겨 적고 나니 내가 산마을에 빚을 진 게 참 많은 것을 새삼 느낀다. 무조건 긍정적으로 쓰려던 건 아니었는데, 쓰다 보니 좋은 말밖에 나오지 않은 걸 보니 아직 난 산마을에 대한 애정이 깊다.

뒤돌아보지 않고 치열하게 살아왔다고 생각했지만 내 삶 곳곳에 산마을이 묻어 있었다. 치열하게 만들기도 또 더 나은 사람으로 만들어내기도 했다. 역시 대체로 좋은 영향을 줬던 것 같다. 앞으로 나는 어디로 향해 어떻게 살아가게 될까? 미래의 내 모습, 당장 내일의 내 모습도 상상이 되지 않지만, 산마을에서 보낸 여행 같은 시간만은 함께 가져갈 것 같다.

내 삶의 리듬

공연규

12기. 하고 싶은 것은 다 해보면서 청소년기를 보냈다. 사회문제에는 뜨거운 관심을, 서툰 인간관계에서는 차가운 선 긋기를 명확히 하며 보냈다. 그 과정에서 자연스럽게 강약과 템포를 조율하는 법을 배웠다. 지금은 비영리 민간단체에서 청소년이 '나'다움을 발견하고 미디어 매체로 표현할 수 있는 프로그램을 개발, 운영하고 있다.

"네가 좋아하는 일들이 연결되는 희열을 느낄 때가 올 거야."

며칠 전, 담임이셨던 선생님과 십 년 만에 통화에서 들은 말이다. 이 말을 듣고 내가 지금 느끼는 희열과 연결감을 실감하기 시작했다. 열심히 몸으로 삶으로 경험하며 지나온 날들을 돌아보았다.

　얼마 전 마침 회사 근처에서 산마을 선배를 우연히 만났다. 큰 노력 없이 계속 이어지는 인연이 신기했다. 그리고 얼마 후 이 책 원고 제안을 받았다. 이 운명 같은 타이밍을 기꺼이 받아들이며 그 느낌을 글로 남긴다.

너의 리듬

나는 산마을에 다닐 때 이랑의 〈너의 리듬〉이라는 노래를 좋아했다. 이랑은 활동하고 있는 뮤지션이자 당시 노래 만들기 수업의 선생님이었다. 담백하고 솔직하게 가사를 짓고 자연스럽게 음을 연결하는 수업 방식도 좋았지만, 무엇보다 그 사람의 음악을 좋아했다.

> 너는 사람들이 좀 더 예의가 발랐으면 좋겠지 / 뭔갈 물어볼 때 '저기요'라고 말해줬으면 좋겠지 / 손가락으로 찌르거나 밀치지 않았으면 좋겠지 / 아마 그게 너의 리듬 / 엄마도 이해 못 하고 친구들도 가까운 애완동물도 / 이해 못 하는 아마 그게 너의 리듬

〈너의 리듬〉의 가사는 당시에 나와 비슷했다. 나는 좋고 싫음이 분명하고 마땅히 어때야 한다는 기준이 높은 청소년이었다. 호불호가 분명하고 예민했던 나는 질풍노도의 청소년기라는 말처럼 폭풍 같은 청소년기를 보냈다.

산마을에서 동아리를 9개씩 가입하며 관심 있는 모든 활동에 참여했다. 토론 시간에는 중요하다고 생각하는 의견을 거침없이 선언했다. 60명이 3년 동안 지지고 볶는 작은 공동체에서 인간관계에 정을 붙이고 떼며 냉탕과 온탕을 오갔다. 방학에도 집에 있는 날은 손에 꼽을 정도로 전국 팔도를 돌아다녔다. 산마을에 다니는 동안

경험할 수 있는 최대한의 일을 격하게 경험했다. 하고 싶은 것들을 다 하기에 24시간이 부족해서 잠자는 시간은 6시간으로 정해놓은 적도 있었다. 날것의 나의 모습 그대로 실컷 아프고 실컷 즐거웠다. 무엇이든 실컷 했다.

　　졸업 후 대학에 진학했다. 대학에서도 내가 하고 싶고 사회에 중요하다고 생각하는 활동은 모두 참여했다. 위계적인 학과 분위기와 전공 공부가 재미없어서 원래 공부하고 싶었던 사회학 전공 수업을 들었다. 관심 분야인 교육까지 곁들여 3전공을 수강하며 학교에 다녔다. 생각이 맞는 사람들과 교내 소비자협동조합을 설립하며 새벽까지 회의하고 밤새 과제하고 다음 날 9시에 수업을 들으러 가는 무시무시한 일정을 소화했다. 관계에 지칠 때쯤 휴학하며 좋아하는 작가의 글쓰기 수업을 들었다. 휴학 중에 편도 티켓으로 네팔에 장기 여행을 떠난 것을 시작으로 방학마다 네팔에 갔다. 영국으로 교환학생을 다녀왔고 졸업 마지막 학기까지 대학에 대한 회의감을 고민했다. 대학 생활과 대외활동을 모두 해내는 와중에 항상 아르바이트까지 병행했다.

한 템포 쉬고

빼곡하게 나열한 이 모든 것들이 산마을 3년과 대학 생활 5년간 있었던 활동의 요약본이다. 심지어 많이 생략한 게 이 정도이니, 실제로 8년을 16년처럼, 2배 더 촘촘하게 산 셈이다.

이 과정에서 나는 늘 '해야 하는 일'에 치여 '바쁘다'의 사이클 속에 살았다. 활동량이 항상 맥시멀 했고 성취의 기준이 높았기 때문에 당연한 일이었다. 이때까지만 해도 내 본연이 지닌 삶의 리듬이 항상 이렇게 빠듯하고 빠르게 흐르는 줄 알았다. 그래서 정신없이 버거워하면서도 꾸역꾸역 소화해내려 했다.

자연스럽게 내 삶의 리듬을 찾는 시기를 마주했다

편도 티켓으로 간 네팔에서 유유자적 유영하며 지내던 어느 날, 옥상 계단에서 내려오는 길에 크게 다쳤다. 며칠 뒤에 병원 병실에서 깨어났고 밥을 먹고 화장실을 가는 기본적인 것들조차 쉽지 않을 정도가 되어 있었다. 나중에 알고 보니 두개골에 금이 갔기 때문에 뇌압이 우려되어 비행기를 탈 수도(한국으로 갈 수도) 없었다고 한다. 다행히 병원에 입원해 있는 동안 기적처럼 두개골이 잘 붙어 경과가 좋았다. 걸을 수 있을 정도로 회복한 후 퇴원해서 요양하다가 귀국했다.

한국으로 돌아와서 병원에 다니며 받은 검사상으로는 문제가 없었지만, 후유증이 심했다. 한의원에서는 내 상태가 교통사고를 당한 것과 똑같은 상태라고 했다. 머리뿐 아니라 온몸의 장기와 근육들이 모두 충격을 받았을 거라고. 카페인, 밀가루, 고기를 전혀 소화하지 못했고 움직임이 아주 느려서 건널목을 신호등 시간 안에 다 못 건널 정도였다. 나는 회복을 위해 음식을 포함한 모든 생활 습관을 전면적으로 개편했고 한동안 재활을 위해 요가원과 한의원만 겨우 오가며 생활했다.

어느 정도 일상생활이 가능해진 후 학교에 복학했다. 하지만 체력이 많이 떨어져서 남들만큼 활동량을 소화하는 게 쉽지 않았다. 밥 먹는 시간이 한 시간씩 걸려서 공강 시간이 빠듯했고 몸살이 자주 나서 과제와 학사일정을 놓치기 일쑤였다. 당시에는 몸 상태 때문에 남들의 속도를 따라가지 못하는 게 억울하고 답답했다. 확연히 느려진 내 속도에 적응하기 어려웠다. 나는 어쩔 수 없이 욕심을 버리고 최소한의 기본적인 것들만 챙기는 연습을 시작했다.

나의 리듬

그동안 쉬는 법도 잘 몰랐던 나는 느리게 가면서 서툴게 속도를 조절하는 법부터 배우기 시작했다. 모든 게 느리게 흘러가는 네팔에 방학마다 스스로 데려다 두었다. 네팔은 내가 새로운 삶의 방식을 배울 수 있는 좋은 환경이었다. 나는 외부 자극을 모두 줄이고 '해야 하는 일'들로 항상 가득했던 다이어리를 비웠다. '무엇이든 하루에 한 개만' 하는 생활을 쌓아갔다. 내 속도를 찾기 위해 속도를 늦췄다. 몸 상태에 따라 내 하루의 흐름을 조절해 나갔다.

급한 마음에 여유가 생기니 몸 상태에도 여유가 생기는 걸 느끼면서 몸과 마음이 어떻게 연결되어 있는지를 체감했다. '건강한 삶'을 장기적인 과정으로 설정하고 건강의 기초적인 것들을 차근차근 공부하며 컨디션을 조절하기 시작했다.

내가 점점 나의 속도를 알아차리는 게 느껴졌다. 나의 속도를 알아차리고 받아들이면서 빠르게, 많은 것들을 하는 삶이 아니라 나의 속도대로 사는 삶이 행복하고 만족스럽다는 걸 알게 되었다. 내 속도를 알아차릴 수 있게 되니 속도와 세기의 규칙성을 만들 수 있게 되었고 이 흐름이 곧 나의 리듬이 되었다.

대학을 졸업해 사회로 나올 때쯤에는 나의 리듬으로 살면서 돈을 벌 수 있는지 궁금했다. 내가 좋아하는 일들이 직업이 될 수 있는지 궁금해서 책을 쓰고 콘텐츠를 만들고 프로그램을 기획하는 일을 엮어서 나만의 직업을 만들었다. 창업도 아니고 사업도 아니고 그렇다고 창작자나 예술가도 아닌 모호한 경계지에서 사회생활을 시작했다. 이 또한 쉽지 않았지만 쉽지 않았기 때문에 많이 배웠다. 삶에 있어서 필요한 고민을 실험해 볼 수 있는 시기를 가질 수 있어서 감사했고, 나의 리듬을 한국 사회의 리듬에 맞추어보는 도전을 충분히 하고 깔끔하게 정리했다.

지금은 나의 리듬을 고민한 이 모든 과정을 중요한 커리어로 인정하는 비영리 조직에서 일하고 있다. 청소년이 나다움을 고민할 수 있도록 돕는 프로젝트를 기획하는 기획자로 일하며 그동안의 모든 경험이 직업으로 이어지는 희열을 느끼고 있다. 나다움을 치열하게 고민했던 당사자로서 내 고민이 다른 사람을 돕는 데에, 심지어 직업적 역량으로 쓰일 수 있다는 건 축복받은 일이다. 내가 좋아하는 일들을 끊임없이 경험한 과정이 쌓여서 이윽고 잘하는 일이 된 모든 과정에 감사하며 일하고 있다.

청소년을 만나며 나의 청소년기를 떠올린다. 무엇이든 실컷 했던 나의 산마을 생활. 나는 산마을에서 실컷 아프고 실컷 미워하고 실컷 배우고 실컷 열광하며 실컷 선언했다. 산마을은 희열을 느낄 수 있게 된 과정의 시작점이고, 지금까지 종종 떠오르는 중요한 시간이자 경험이다.

거북이의 삶은,

이한솔

10기. 전국여성노동조합에서 일하고 있다. 사람들은 살아가면서 다양한 선택과 속도로 자신의 인생을 만든다는 생각이다. 이번 생은 사람과 사회를 생각하고 행동하는 삶으로 채우려 한다.

거북이는 달린다

사무실이 조용한데 시끄럽다. 엘리베이터 종소리, 내 앞자리에 앉은 부장과 국장의 대화 소리, 사무실 옆 붙어있는 부엌에서 나는 물소리, 끊임없이 들리는 마우스 클릭 소리…

　어릴 때부터 알고 지내던 친구가 나에게 '너는 사무직이 안 맞는 것 같다'라고 말했었다. 그 말을 인정하고 받아들이고 싶지 않아 사무직을 억지로 1년 넘게 해본 결과는? 나는 사무직이 역시 안 맞는 사람이다. 앉아서 일하려니 서서 일할 때보다 더 온몸이 아프다. 모니터를 들여다보는 내 눈도 너무 시리고 아프다. 모니터를 너무 집중해서 보다 보면, 나중에는 눈에 초점이 잘 안 잡혀서 시야가 뿌옇다. 무엇보다, 사무실의 조용하지만 시끄러운 이 여러 소리를 못 견디겠다. 생리 전, 잔뜩 날이 선 때에는 이 소리들이 귀에 칼날을 긋는 것처럼 느껴지며 아프다.

내가 일하는 곳은 우리 엄마 직장의 자매 조직 기관이다. 입사하고 나서 한 달 뒤에 엄마에게 지금 일하는 곳을 알렸을 때, 엄마는 '아이고야'하는 소리를 냈다. 건물 3~6층까지 모든(대부분의) 사람이 엄마와 아는 관계였다. 입사하고 두 달이 넘어서 회사 사람들한테 내가 엄마 딸이라는 걸 밝혔을 땐 이미 물이 엎질러진 후였다. '누가 ○○ 씨 딸이야?', '○○ 씨 딸이야?'라며 등 뒤에서 소곤거리는 말이 들려왔다. 나라는 사람보다 '○○ 씨 딸'로 더 많이 알려진 이 업계를. 올해 11월 퇴사할 예정이다. 사유는 대학 진학을 위해서이다.

과잠 입을 거북이

내 직장은 홍대입구역 근처다. 대학교 마크가 그려진 점퍼(이하 과잠)를 입고 다니는 학생들의 모습만 보면 마음 한구석이 무겁고 불편하다. '굳이 저걸 입는 이유가 뭘까?' 하는 생각부터 시작해, 과잠을 입은 대학생들만 보면 내 20대 초반의 삶을 떠올리며, 그 시절에 갇혀 있는 나를 발견했다.

20대 초중반에 내가 자주 느낀 감정은 '절망감'이었다. 애써 들어간 일반 대학교를 1학기만 다니고 자퇴했다. 비 오는 날 시험 기간, 도서관에 앉아 공부하다 고개를 들었는데, 10대 때는 대학을 위해,

20대 때는 취업을 위해 사람들과 또다시 경쟁하는 것에 넌더리가 났다. 살아보니 인생은 주관식인데 그 당시에는 삶을 객관식으로 못 박아두고 그 안에서 선택지를 고르라고 누가 등 떠미는 것 같았다.

자퇴하고 곧바로 대안 대학교를 알아봤다. 물론 대안 대학교도 내가 찾던 정답은 아니었다. 체계적이지 않고 불안정한 학교 시스템, 공동체 문화에 대한 강조. 그런데 하나도 와닿지 않았다. 무얼하고 싶은 게 또렷하게 없으니 어디든 안주해서 살아갈 곳이 필요했다. '소속감'이 간절했던 때라 어디서든 억지로 나를 끼워맞추기 위해 노력했다. 그 와중에 왜인지 모를 책임감과 독립심으로 일과 공부를 병행했다.

돈은 나의 희로애락을 결정하는 주요한 요소가 되었다. 서비스직을 꽤 오래 전전하며 20대를 보냈는데 체질에 잘 맞았었다. 스스로 성인 ADHD를 의심했던 사람으로서, 몸을 한시도 가만히 두지 못한다는 점, 일이 정신없이 바쁘게 휘돌아 치는 것들이 즐거웠다. 무엇보다 같이 일하는 사람들이랑 잘 맞으면 일이 힘들어도 아무 생각 없어지고, 몸이 기계처럼 시간 맞춰 출퇴근하는 게 재미있다고 느껴진다. 그렇게 일하면서 살다 보면 세상의 고민과 걱정도 와닿지 않고 돈 쓰는 재미가 들린다. 인생에서 마주해야 하는 고민과 걱정거리들을 다 외면한 채 살아갈 수 있다. 그렇게 살아가도 된다. 다만, 나는 조금 더 나 자신을 알아가고 싶었다. 워낙에 이것저것 도전하기를 좋아하고 한곳에 머물러 있기 싫어해 다른 일들을 고민하게 되었다.

전문직에 종사하고 싶다는 생각이 들어 잠시 국비학원으로 건축일을 배웠으나 이 길도 내 길은 아니었다. 주 5일 중, 3회 이상 컴퓨터와 6시간 이상 일해야 하는 직업은 나와 맞지 않는다는 걸 깨달았다. 이 모든 걸 깨닫고 내 마음의 소리와 메아리를 들은 결과, 대학에 진학해야겠다는 결심을 했다. 대안 대학에서 '세계사'를 배운 이후로, 늘 세계사에 관심이 많았으며, 가장 열정적으로 공부할 수 있겠다는 생각이 들어서였다. 직업적인 이유는 하나도 고려하지 않고 오직 내 관심사만 놓고 봤을 때 가장 공부하고 싶은 학문이다.

이 책이 나왔을 때면, 모든 것이 확정되었을 때이다. 나는 대학교에 합격하고 싶다! 대학교 과잠 입은 사람들의 뒷모습을 봐도 더 이상 가슴이 먹먹하고 한 맺힌 기분이 들지 않았으면 좋겠다.

거북이의 목적지

고3 때 장래 희망으로 '노동운동가'를 적었다. 노동운동가 그 언저리에서 사무직으로 일하고 있는 지금, 즐겁고 행복하지 않다. 꿈을 이뤘는데 이런 기분이 들 줄 몰랐다. 오늘은 최저임금 240원 오른 뉴스가 터졌다. 무섭게도 아무 생각이 없다. 사무실에서의 나는 그 어떤 감정적 동요도 존재하지 않는다. 언론 장악과 종편 언론사들을 반대하러 집회에 나가고, 학교 끝나고 친구들이랑 FTA 반대집회를 한 10대였던 나는 이제 노동조합 사무실에 앉아 있다.

요즘은 광화문을 오가며 보수 정권에 맞서는 사람들의 뒷모습을 주로 본다. '요즘엔 이런 이슈가 있구나.' '이런 단체가 있구나'하며 깨닫고 목적지를 향해 걸음을 옮긴다. 내 목적지는 병원이다. 중학교 때부터 시작된 우울증인데 얼마 전 '만성 우울증' 판정을 받았다. 성인 ADHD가 아니라 아쉬웠다. 우울증과는 느낌이 달라서 신비한 이 느낌이 무엇일까 알고 싶었던 건데 앞에 '만성'이 붙는 우울증이다. 만성 피로만큼이나 무시무시한 피로감, 슬픔, 우울감을 느끼는 질병이다.

최근엔 '활동가 지원'을 받아 심리상담도 받고 있다. 이러한 심리 검사와 심리상담을 하고 나서 깨달은 것은 내가 10대 때 내 안의 우울과 불안, 초조함을 털어놓을 기회도, 장소도, 생각마저 하지 않았다는 것이다. 산마을에서 나를 따라다니는 내 괴로움은 '열등감'이었다. 중학교 때 괴롭힘의 트라우마로 남자애들과 어울리는 걸 유독 어려워했다. 산마을에서는 누군가 남자애들이랑 잘 지내는 애들도 부럽고, 자신의 뚜렷한 개성이 드러나는 애들도 부러웠다. 무엇보다 공부 잘하는 애들이 너무 부러웠다. 내 머리로는 아무리 공부해도 객관식 시험의 정답을 찾는 게 쉽지 않았다. 그때는 뭐 하나라도 특출나게 잘하고 싶었다. 지나고 나니, '특출나다'라는 의미도 '내가 어떻게 생각하느냐에 따라 다르다'라는 것을 깨달았다.

고등학교 때는 내가 되고 싶은 모습이 있었다. 그때는 선생님들한테 인정받고 싶어서 늘 발버둥 쳤다. 지금은 스스로 나 자신을 인정하기 위해 노력한다. 우울함도, 불안함도, 괴로움도 모두 나라는 것을 받아들인다. 그러고 나니 더더욱 내가 하고 싶은 일만 하고 싶어졌다. 내가 발 딛고 서는 모든 곳이 나의 목적지가 될 것이다.

토끼를 쫓던 거북이

일하면서 느낀 점은 사람은 저마다 일하는 방식, 일하는 속도가 다르다는 점이다. 여기에 정답은 없다. 각자가 맡은 일을 묵묵히 하며 움직임이 맞물리면 톱니바퀴 굴러가듯 사회가 굴러간다는 것이다.

산마을 재학 시절, 나는 총회 시간 때 가장 많이 긴장했었다. 하고 싶은 말을 조리 있게 하고 싶은데 말이 나오지 않아 주변 친구들한테 대신 부탁하기도 하고, 하고 싶은 말을 못 해 우울한 기분으로 총회 시간을 마무리 지은 기억도 있다. 그래도 총회 시간에 서로 다른 의견이 충돌하는 와중에도 서로에게 모욕적인 방식의 토론을 하지는 않았던 것으로 기억한다.

수많은 이력서를 쓰며 산마을 재학 시절을 언급할 때마다 나는 '다름을 받아들이는 방법'을 배웠다고 적었었다. 이런 나에게 대학교 수시 토론 면접은 산마을 밖 세상의 싸늘함을 일깨워줬다. 수시 토론 면접 진행 중 내가 의견을 말하자마자 '저는 당신의 의견에 반대합니다. 왜냐하면 …' 이라는 말을 듣는 순간 다부졌던 마음이 와르르 무너졌다. 처음 듣는 공격적인 어조였다. 그런 식의 토론 면접을 만든 면접관들도 원망스러웠다. 이런 식의 토론을 거쳐 학생을 선발하는 게 대학에는 무슨 도움이 되는 걸까 하는 의문이 들었다. 대학은 산마을에서 배운 상생, 공동체, 존중과는 거리가 멀었다. 지금은 대학 안에도 다양한 사람들이 존재하고 나는 그 안의 다름을 받아들일 마음이 있지만, 고3과 20대 초반에는 마음에 그런 여유가 없었다.

[사람은 저마다 다른 속도로 삶을 살아간다. 삶은 느리고 빠른 것에 대한 기준이 없다. 있다면 언론이나 매체가 만들어 낸 프레임일 가능성이 높다. 삶에 나와 누군가를 비교하는 것은 불필요한 에너지 소비이다.- 출처 : 내 머릿속] 이걸 깨닫고 나니 마음이 가볍다. 지금은 누군가를 쫓으며 살고 있지도 않고, 쫓기며 살고 있지도 않다.

다시 책상에 앉아

프린트 소리, 누군가 슬리퍼를 끌며 움직이는 소리, 타닥거리는 타자 소리… 침침한 내 눈. 노화가 벌써 온 건 아닌지 걱정되어 안과 진료 갔을 때 물어봤었다. 다행히 노안은 아니었다.

동네방네 대학교 입학할 거라고 소문내고 다닌다. 만약 불합격하면 합격할 때까지 도전해 볼 생각이다. 그러다 지치면 다른 길을 찾을 것이다. 하고 싶은 것만 하면서 살 수 없다고 하지만 적당히 세상과 타협하는 척하며 하고 싶은 일만 하면서 살련다. 언젠간 사진작가도 될 것이고, 세계 여행도 다시 해볼 것이다. 돈은 생활이 불안하지 않을 정도로 많이 벌 것이다. 내 주변을 챙기며 더불어 살아가는 삶을 지속할 것이다. 부조리함을 참지 않고, 다양함의 목소리를 들을 것이다. 멈추지 않고 계속 생각하고, 깨닫고 행동하는 삶을 살아갈 것이다. 육지에서는 느리고, 바다에서는 재빠른 거북이처럼 내 마음대로 내 인생 속도를 움켜쥐고 살아갈 것이다. 이런 내 옆에 사랑하는 사람들이 항상 함께할 것이다.

공동체 이론과 실제

"교과서와 교실 중심 수업을 넘어 스스로가 이루고 있는 공동체에 대한 참여와 실천의 경험을 통해 현대사회에서 위기로 여겨지고 있는 '고립된 '개인이 아닌 '어울림'과 '함께하는' 공동체의 일원으로 성장할 수 있는 소양을 기른다."

공동체에서 제일 중요한 것은 무엇일까. '공동체 이론과 실제'를 통해 우리는 '소통'이 가장 중요한 공동체의 바탕이 된다는 것을 알게 되었다. 다양한 주제의 총회에서 다른 사람의 의견을 듣고, 내 생각을 말하는 과정을 겪었다. 여러 의견이 모여 하나의 의견이 되는 것을 보았고, 그 과정을 거치며 우리는 '다름'을 받아들이는 방법을 공부했다. '나'를 넘어 '우리'로서 산마을을 함께 구성할 수 있는 시간이었다. 산마을 사람들은 지금도 '주를 여는 시간'을 통해 한 주간 그리고 매 순간 공동체 속에서 일어난 일과 일어날 일을 함께 나눈다. 이를 통해 개인의 경험을 우리의 경험으로 공유하기도 한다. 축제와 울력 그리고 의사소통에 적극적으로 참여하는 과정에서 학교와 마을의 구성원으로 자리 잡고, 더 나아가 공동체를 구성하는 역할과 책임에 대해서 고민하고 있다.

공존하는 삶

김희진

11기. 자연과 어우러진 생태교육을 추구하는 마을 학교이자 대안학교인 성미산학교에서 저학년 학생들과 복작복작 하루를 시작하며 산다. 산마을에서부터 성미산까지 '복작복작'이 만들어내는 공동체의 향기는 여전히 헤아날 수 없는 '함께 살기'의 매력 속으로 나를 밀어 넣는다.

실실반 교실로의 초대

7월 초, 에어컨 없는 교실에 모여 앉은 3, 4, 5학년 어린이 열두 명과 내가 있다. 우린 수업 시작 전부터 콧잔등에 땀방울을 듬뿍 얹고 있다. 한 친구가 "바르게!" 외치곤 교실 구석구석을 살핀다. "마을아, 손을 모아야지.", "산아, 허리를 쭉 펴봐.", "꽃아, 손에 쥔 연필은 잠시 내려두렴." 모두가 자리에 있는지, 몸과 마음이 정돈되었는지 한참을 살피고는 "인사!"하고 외쳐준다. 그저 단순히 인사 나누는 행위로 보이지만 실실반 어린이들과 내가 아침을 시작하는 20분의 짧은 시간은 모두가 안녕한지 서로 살펴주는 안전망이다. '실실반'은 내가 담임 선생님으로 지내고 있는 반의 이름이다. 실과 바늘을 매일같이 잡고 생활하며 실실 웃고 살자는 뜻이 담겼다. 반 이름을 고민하고 결정하는 데 무려 며칠이 걸렸는데 함께 고민하고 결정하는 경험을 만들어내는 것 또한 우리가 살아내는 방식이다.

각자의 성향, 생각을 정리하는 시간, 의견을 제시할 때 힘의 정도가 다르다는 것을 함께 살며 터득했기에 모두의 뜻이 어우러져 하나의 의견이 되기까지는 기나긴 기다림이 필요하다. 말로 표현하지 못하는 어린이에게는 적절한 예시를 한두 개 주고 선택하게 하며, 결정하기까지 오래 걸리는 친구를 위해서는 순서를 뒤로 보내준다. 누구의 생각도 경청하고 곰곰이 듣고 함께 고민한다. 3학년의 단순한 생각도, 5학년의 진중한 의견도 교실 안에서는 비슷한 무게를 가진다. 무더운 여름날, 함께 땀을 흘리고 선풍기 바람을 나누어 쐬며 각자의 속도를 따라 여름을 나는 중이다.

실실반 교실에서는 3, 4, 5학년 친구들이 하나의 교실에서 섞여 공부한다. 5학년은 동생들을 두루 살피며 다정한 잔소리도 하며 끌어주고 4학년은 3, 5학년을 부드럽게 연결해주는 역할을 해준다. 막 한글을 떼고 천천히 세상을 배우는 중인 3학년들은 4, 5학년들의 모든 행동을 놓칠세라 눈으로 짚어가며 따라 하는 중이다. 세 개의 학년이 함께 지내는 작은 교실은 산마을 고등학교의 구성과 닮아있다. 선배들의 동아리 설명을 듣고 기대했던 기억, 동생들이 들어왔을 때 어설프게나마 환대했던 기억, 3학년 때 가졌던 무게감을 돌아보며 우리 반 어린이들도 비슷한 감각을 가질까? 궁금해진다.

실실반은 1년 동안 '옷 프로젝트 수업'을 통해 배움을 이어가고

있다. '옷살림'으로도 불리는데, 돈으로 사는 옷이 아닌 손으로 만들고 고칠 수 있는 옷 생활을 목표로 두었다. 도심 속에 있는 대안학교에 다니며 기후재난, 팬데믹 시대를 겪으며 쉽게 사고 버리는 소비 문화에 익숙해진 사회 속에서 살아가는 중이기에, 우리는 무엇을 바라보고 공부해야 할까? 어떤 성찰을 통해 나와 내 주변의 삶이 건강하게 관계 맺어지길 기대할까? 그 과정에 나도 존재한다는 감각을 가질 수 있을까? 하는 지속적인 고민을 하는 중이다.

어디서 왔는지도 모른 채 끊임없이 쏟아지는 물건더미에서 틈을 비집고 나와 자신만의 안전한 속도로 물건과 관계를 맺어보는 연습을 한다. 바늘구멍에 실을 꿰고 매듭을 짓는 것, 양말의 구멍을 메우고 작은 수선가게를 열어 다양한 사람들을 초대해 수선을 해주기까지. 나와 어린이들은 문제의식을 통해 나의 고민을 나누고 수선하는 행위를 통해 삶을 가꿔나가고 있다. 누군가 교실로 찾아와 옷 수선을 부탁하고 갈 뿐이지만 우리의 수선 행위가 이뤄지고 있다는 기쁨에 젖어가는 중이다.

물론 이 기쁨이 모두에 의해 만들어지고 모두의 생활방식에 적용되면 좋겠지만. 아직 우리 사회는 손쉽게 구매하여 옷장에 잠시 머물던 옷이 버려져 어디로 흘러가는지조차 확인할 수 없는 현실에 산다. 값싸게 버려진 옷더미는 개발도상국에 버려져 그들의 터전을 허물고 옷으로 된 쓰레기 산을 만들어 냈다. 옷 쓰레기 산 위로 사람도 소도 새도 살아가고 있다. 내가 버린 옷이 소의 먹이가 되고 있다는 구조를 스스로 공부한 어린이들과 나는 고민이 점차 늘어난다.

잘 입는다는 것은 무엇일까? 라는 고민은 결국 우리는 잘(모두가 안전하게, 존중하며) 살아가고 있는 것일까? 하는 질문을 남겨주었다.

산마을학교에 다니던 때 입는 행위를 돌아보면 옷의 역할은 나를 잘 표현하기 위함도 있었지만 생활하기 편리하고 나의 작은 텃밭을 가꿀 때 도움이 되는 것일 때가 많았다. 필요한 옷은 서로 빌려 입기도 했고 주말이면 읍에 나가서 구제 옷가게에 다니며 필요한 옷을 구매하는 즐거움도 있었다. 옷뿐만 아니라 물건들을 손쉽게 구하고 버릴 수 있는 구조가 아니었기 때문에 나에게 주어진 주변 환경 내에서 적절히 소비하는 것이 모두에게 당연한 생활방식이었다.

우리는 틈틈이 바늘과 실을 잡고 무언가 만들어내는 데 즐거움을 느꼈다. 그것을 우리의 문화로 받아들이는 시절이었다. 밤을 꼬박 세어가며 난로 옆에 모여 앉아 겨울에 낄 털장갑을 떴으며 친구는 면으로 만들어진 머리띠를 직접 만들어 주기도 했다. 내 생활에 필요한 물품을 스스로 만들어냈던 기억이 나에게 짙게 남아있기에 내 곁에 있는 어린이들에게도 그 기억을 주고 싶었던 모양이다. 단순하지만 내가 배운 기술로 옷과 물건을 고치는 행위를 반복하며 어린이들과 익히고 공부하려던 것은 명확해졌다.

사람을 초대하고 물건과 주인의 사연을 들으며 수선하는 행위는 단순히 고치고 고쳐지는 것에서 끝나는 것이 아닌 '서로의 마음도 보살피는 과정'임을 알아가고 있다. 교실로 찾아오는 사람과 인사를 나누고 수선 방법을 함께 의논하는 과정, 수선을 책임감 있게 해내는 과정, 다시 돌려주며 고마움을 돌려받는 순간은 서로를 돌보

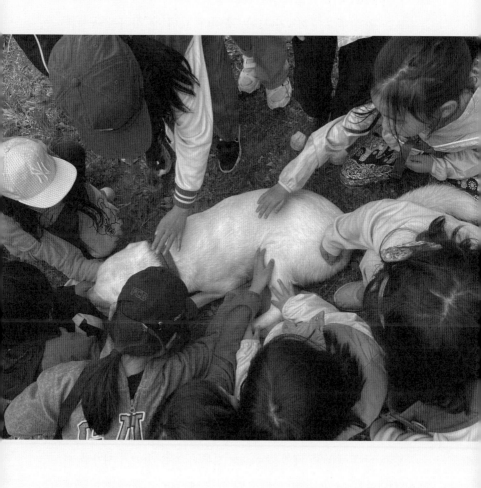

는 그 자체가 되는 것이다. 오롯이 내 손과 바늘, 실만으로 시작한 실험이 매일 반복되며 나와 주변을 잘 가꾸고 있다는 즐거움으로 돌아온다. 오늘도 실실반 친구들은 누가 우리 교실을 찾아와 수선이 필요한 옷을 주고 갈까? 기다리는 중이다. 10년 전, 산마을 공동체에서 살며 실제 경험하고 터득한, '손으로 짓는 행위'의 즐거움을 전할 수 있는 것은 교사로서 살아가는 데 큰 행복과 용기의 원천이 되어준다.

여전히 연결

졸업 후 10년이 지난 지금, 나와 친구들은 모두 제각기 떨어져 살아간다. 각자 다른 위치, 공간에서 살아가며 사회를 바라보는 관점, 현재의 고민을 나눈다. SNS 대화방에서는 매일같이 고민이 이어지고 몇 달에 한 번은 꼭 얼굴을 보며 쌓아두었던 이야기들을 꺼낸다. 멀리 떨어져 살면서도 모두가 안전한 사회를 만들기 위해 해내고 있는 소소한 행위를 지켜봐준다. 익숙한 관점, 각자가 맞이한 새로운 관점을 공유하며 서로 응원하며 살아가니 그것이 확인될 때 안심이 된다.

　친구 원의 집은 휴지를 대체해 천 조각이 사용되는데 우리 교실에서도 각자 손수건을 들고 생활하며 일회용 티슈의 사용을 줄이는 시도를 했다. 팬데믹 세상을 겪으며 모든 접촉을 줄이기 시작한 뒤 입 모양을 보며 말을 전달하는 것, 자주 빨아 함께 쓰던 공용 수건도 사라졌다. 단절되어야 살아남는다고 여겨졌던 사회 속에서 그래도 지구를 위한 작은 실천 하나를 찾아내 이어나가는 누군가가 존재한다는 것을 알 때, 친구들과 내가 지내는 서울의 작은 교실이 연결되어 있음을 느낀다.

올해 봄에는 우리 교실 어린이들을 우르르 몰고 산마을 동기였던 희가 일하는 '꿈이 자라는 뜰' 텃밭에 갔었다. 어린이를 존중하는 어른을 만나게 해주는 것, 흙 위에 있어야 하는 건 버려진 옷더미가 아닌 초록색의 생명이라는 것을 직접 보여주고 싶어서였다. 희는 찬찬히 실실반 친구들의 각기 다른 속도를 기다려주고 눈을 맞추며 너희의 이야기를 듣고 있음을 몸으로 보여주었다. 내가 희와 산마을에서 함께 살 때 받았던 안정감과 존중이 실실반 어린이들에게도 전해진 귀한 순간이었다.

희는 쏟아지는 질문 더미에도 작물의 이름과 특징을 자세히 설명해주며 텃밭에서 일하는 동료를 소개해주었다. 학교에서 키울 수 있는 다년생 식물도 추천해주었는데 땅을 꽉 채운 갖가지 식물 중 학교에 함께 데려갈 몇 가지를 고르느라 시간은 한참 흐른다. 나와 희는 어린이들의 회의와 고민을 곁에서 그저 지켜봐주었고 아이들은 고심해서 골라 온 몇 개의 식물을 드디어 건네주었다. 숙소까지 2시간을 걸어야 했는데도 어린이들은 직접 고른 식물인지라 번갈아 안아 들며 긴 시간 품에서 식물을 놓지 않았다.

다정하고 섬세한 어른을 통해 만나는 세상은 어린이들에게 큰 즐거움이 된다. 산마을 고등학교가 자연스럽게 내게 남긴 것은 친구이며 사람이지만 내가 가르쳐야 하는 어린이들에게 자랑스럽게 보여

줄 수 있는 다양한 삶의 형태이기도 하다. 어른이 이미 선택해 손에 건네준 식물이 아닌, 희라는 어른과 대화를 통해 나의 주체성을 가지고 선택한 식물이라는 점. 어린이들에게는 거기서부터 반짝하고 의미가 생겨나는 것이다.

희의 텃밭에서 데려온 꽃과 허브는 지금도 학교 정원에서 무럭무럭 자라나고 있다. 돌아가며 물도 매일 주고 무거운 축구공이 행여 꽃을 덮치진 않을까, 저 작은 꽃을 생각하는 마음을 이어가며 돌봄은 이뤄진다. 세상을 각기 다른 방식으로 살아내는 친구들이 곁에 있기에, 나는 어린이들에게 자꾸자꾸 그 다양한 삶을 보여주고 싶어진다. 모든 생명의 안전을 고려하는 삶을 살아가는 방식은 가능하고 즐겁다는 어렴풋한 감각을 실실반 친구들은 조금씩 목격했다. 물론 나도 내 곁의 친구들을 보며 여전히 배운다. 우리의 삶이 연결되어 있다는 것을 확인할 때 드는 든든한 마음에 기대어 오늘도 하루를 난다.

13년째 은과 책 읽기

한 달에 한 번, 산마을 친구 은과 졸업 이후 사회에서 만난 언니, 동생들이 모여 책을 읽는다. 몇 년째 지속 중인 책 모임의 이름은 '곰곰'이다. 20대, 30대 여성들이 모여 '함께 사는 삶'에 대해 고민하고 나눌 수 있는 다양한 책을 읽고 토론한다. '곰곰'을 뒤집으면 '문'과 '문'이 되듯이 이 모임은 홀로 곰곰 생각하던 일로부터 출발했다. 각자의 자리에서 책을 읽고 드는 생각을 한곳에 모여 나누며 재미난 세상을 도모하는 중이다.

책 모임을 통해 끊임없이 세상 곳곳을 보려고 시도했는데 사실 우리가 모인 이유는 명쾌하다. 함께 사는 삶, 모두가 안전한 삶, 존중하는 방식을 향유 하려는 것이다. 이건 나를 위함이기도 하고 너를 위함이기도 하며 이 글을 읽는 당신에게도 조금은 가닿길 바라는 마음도 존재한다.

처음 친구 없이 책 모임을 시작하려니 어딘가 허전했던 나는 고등학교 시절 함께 책을 읽으며 즐거움을 나누었던 은을 초대했다. 은은 산마을 재학 시절, 소설책을 함께 읽고 작가님을 만나러 다니던 나의 소중한 책 친구다. 졸업 후에도 다양한 책방을 다니고 예술 영화를 보며 읽는 즐거움을 나누었는데 13년이 지난 지금도 함께 책을 통해 공부하며 살아간다.

산마을 동기들은 각자가 처한 위치와 역할이 다르다. 직업이 다르다는 이야기도 되며 삶의 방향이 각자 동떨어져 있다는 말도 되겠다. 다만 우리가 여전히 하려는 것은 나의 행동과 선택이 너에게 어떤 영향을 주는지, 서로에게 도움이 되고 누굴 해치는 방식이 아닌지를 확인하려는 시도이다. 서로의 삶과 생각을 살펴주고 들어주며 모두가 온전한 삶의 태도와 방향을 만드는 중이다. 한 가지 확실한 방법은 찾지 못해도 여러 가지 연습을 통해 우리 모두 잘 지내길 바란다는 마음이다. 연습이 모이면 우연하게라도 어떤 다정한 삶의 방식을 만날 수 있지 않을까? 라 기대하며 말이다.

산마을 시절부터 현재를 살며 나의 삶의 바탕이 된 것은 서로의 모
남을 받아들이는 것이었다. 교실 안에 모두의 책상과 의자가 있는지
서로의 존재를 확인해주는 것, 각자에게 맞는 책상 높이와 의자 높
이를 조절해주는 것, 서로를 살리는 행위를 통해 나를 뽐내고 인정
받고 때로는 속상함을 털어내도 괜찮다는 것을 아는 것.

　강화도 작은 교실에 너무도 다른 여러 개의 우주가 모여 살며 맞
이할 어려움과 고됨을 인정하지만, 그런 존재이기에 우리는 더욱이
모여 공부했다. 그 시간은 각자의 연약함을 서로 채워주어야 살아갈
수 있음을 깨닫는 과정이었다. 식당에 모여 앉아 별거 아닌 안건으로
몇 시간을 보내는 것도, 지리산을 함께 타며 서로의 가방을 들어주었
던 순간도, 내가 아플 때 텃밭에 물을 준 친구에게 고마움을 전했던
일도, 동그랗게 모여 앉아 좋은 텍스트를 소리 내 읽었던 수업들도.
때로는 마음과 감정을 내보이며 했던 다툼까지도. 삼 년 동안 쌓인
서로를 봐주는 연습은 나에게 남아 여전히 내 삶을 구성해준다.

　산마을학교 작은 교실에서 만났던 소중한 사람들에게 여전히
배우고 있으며 내가 현재를 살아가는 교실 속 어린이들에게 다양한
세상을 보여주는 기회도 만들 수 있다. 지금 이 글을 읽고 있는 당신
과도 어디에서 어떠한 인연으로 만나 삶을 공유하게 될지 기대하며
어딘가 모여 앉을 내일을 기다려본다. 우연이라고 말할 수 없을 어느
시점에 존재할 우리의 연결고리를 기대하며. 우리가 꼭 모여 앉기를.

파랑새 찾기

김정인

8기. 청년 주거 공간 우리 동네 사람들(우동사), 일본 스즈카 공동체(에즈원)에서 함께 사는 공동체 삶을 경험했다. 사는 것이 서툴지만 오늘도 정성껏 살아가는 법을 주변 사람들에게 배우려 한다. 최근 계절의 변화를 온몸으로 느낄 수 있는 농사가 재밌어 지금은 지리산 산청으로 귀농해 살고 있다. 사람의 건강한 성장에 관심이 많고, 사람들과 함께 잘 살고 싶은 소망을 지니고 있다.

의미 있는 삶

대학에 가지 않기로 마음먹었던 건, 뭘 배워야 할지 못 찾았기 때문이다. 그 비싼 등록금을 내고 대학 캠퍼스의 낭만을 즐긴다거나 취직하기 위해 간다는 게 그 당시에 나로서는 용납이 안 됐다(지금은 그냥 그래도 된다고 생각하지만). 뭘 하고 싶은지도 확실치 않은 채 고등학교 졸업을 했고 귀촌하는 부모님을 따라 지리산 산청에서 살게 되었다. 돈을 벌기 위해 할 수 있는 아르바이트를 다 했다. 한살림 죽 공장에서 6개월, 인구조사 3개월, 또래가 없어서 너무 심심했다.

그때쯤 산마을 1년 선배 언니에게 인도로 대학생 캠프를 간다는 이야기를 들었다. 류시화 시인의 『하늘 호수로 가는 여행』을 재밌게 읽었던 나는 이거다 싶었다. 그길로 "언니! 나도 갈래"하며 따라 나섰다.

첫 해외여행으로 간 인도는 충격 그 자체였다. 공항에 내리자 뿌연 연기와 함께 온갖 악취와 향냄새가 나고 거리엔 소와 낙타와 릭샤(오토바이 인력거)와 버스가 빵빵거리며 경적을 울려댔다. 너무 무서웠다. 기차를 타고 델리에서 보드가야로 향하는데 신발을 훔쳐 갈 수 있으니 머리 위에 두고 자라고 하는 이야기에 겁을 더 먹었다. 여하튼 도착한 그곳에서 한 달 동안 50명의 대학생과 함께 낮에는 무너진 길을 수리하고 우물도 보수하고, 밤에는 부처님의 일생을 듣고 함께 이야기하는 시간을 보냈다. 부처님의 이야기가 너무 재밌었다. 법륜스님처럼 나도 좋은 일에 쓰이는 사람이 되고 싶어졌다. 의미 있는 삶. 그렇게 정토회 활동을 시작했다.

새벽 4시 30분에 일어나 기도하고 청소하고 발우공양을 하고 전국을 다니며 청년들을 만나며 매일을 보냈다. 처음엔 정말 즐거웠다. 모든 사람이 행복한 세상을 만들고 싶었다. 힘든지도 몰랐다. 좋은 것, 옳은 일을 한다고 생각했다. 하지만 시간이 갈수록 점점 지쳐갔다. 아침에 일찍 일어나는 게 너무 힘들고 예쁜 옷을 입고 싶어지고 화장도 하며 연애도 하고 싶었다. 3년은 해야 한다는 생각으로 3년을 지낸 뒤 활동을 그만두겠다고 법사님께 말씀드렸다. 그때 말씀이 아직도 기억난다. "너는 불을 뜨겁다고 해도 진짜 뜨거워요? 안 뜨거울 것 같은데, 하고 있으니 나가서 뜨거운 맛을 봐라"라고 하셨다. 그렇게 정토회 활동을 끝냈다. (그 뒤 뜨거운 맛을 엄청 봤다.)

쾌락

닥치는 대로 아르바이트를 해서 돈을 모았다. 외국에 나가 살고 싶었다. 한국에서는 날 옥죄어 매는 게 너무 많은 것처럼 느꼈다. 의미 있는 삶이고 뭐고 그냥 더 자유롭고 재밌게 살고 싶었다. 그래서 선택한 나라가 아일랜드였다. 아일랜드는 학생비자로 가도 주 20시간 정도 일을 할 수 있었다. 돈도 벌고 영어도 배울 수 있을 것 같았다.

쉐어하우스에서 브라질에서 온 세 명의 친구와 같이 살았다. 주변 친구들은 룸메이트들과 마음이 안 맞아 힘든 경우도 많았는데 운 좋게 좋은 친구들을 만났다. 우리는 쿵짝이 정말 잘 맞았다. 파티 같은 나날들이었다. 같이 술을 마시고 음악을 연주하고 맛있는 음식을 해 먹었다. 지구 반대편에서 온 친구들은 3시에 만나자고 하면 4시부터 준비하는 여유로움이 있었고, 몸이 다 드러나는 옷을 입고도 다른 사람들의 시선을 신경 쓰지 않았다. 그리고 스킨쉽을 자연스럽게 했다. 같이 놀면서 나도 자연스럽게 물들어갔다. 다른 문화권 친구들의 새로운 문화는 나한테 더욱 자유롭다는 걸 느낄 수 있게 해주었다.

프랑스, 스페인, 포르투갈, 독일, 네덜란드 등 유럽의 좋은 곳이라고 하는 곳은 다 돌아다녔다. 많은 사람을 만나고 재미있는 시간을 보냈다. 하지만 파티가 끝난 다음 날, 여행에서 돌아온 후에는 허무함이 가득했다. 즐거움은 잠시였다. 헛헛함을 또 술을 마시고 파티를 하며 달랬다. 그런 나날을 보내다 비자가 끝났다.

그동안 재미에 흠뻑 빠져 잊고 살았지만 한국으로 돌아오니 불안이 수면 위로 드러났다. 그래서 이곳저곳 면접을 보고 월급을 받는 직장에 들어갔다. 매달 꼬박꼬박 통장에 월급이 들어오니 얼마 동안은 마음이 편해졌다.

하지만 불안은 금방 다시 모습을 드러냈다. 서울에서 자취를 하고 있었는데 강남역에서 여자라는 이유로 죽임을 당하는 사건이 일어났다. 그 사건을 계기로 페미니즘에 관심이 생겼고 평소에도 겁이 많았던 나는 퇴근길의 밤이 더 무서워졌다. 혼자 지내는 자취방도 안심하기가 어려웠다. 창문을 닫고 문단속을 해도 내 불안은 더 커져만 갔다.

그때 정토회에서 인연을 맺은 언니가 내 이야기를 듣더니 언니가 살고 있었던 우동사(우리동네사람들)에 살아보면 어떻겠냐고 제안해줬다. 우동사는 주거 문제를 해결해보고 싶은 청년들이 시작해 그 당시에는 50명 정도 모여서 사는 쉐어하우스 형태의 느슨한 공동체였다. 출퇴근 거리는 멀었지만 함께 사는 친구들이 좋고, 가족이 많아진 느낌이었다. 고민이 생길 때도 의논할 상대가 있고, 필요한 물건이 있을 때도 동네에서 해결됐다. 서로 안 입는 옷을 돌려 입고 같이 밥을 해서 먹었다. 같이 사는 게 불편함도 있었지만 풍요로움이 더 많았다. 삶의 질이 달라졌다. 더 이상 문단속을 안 해도 된다는 게 정말 좋았다. 아랫집 윗집 옆집 다 아는 사람이었으니까.

남자친구도 생겼다. 우동사에 사는 다른 언니 오빠들처럼 결혼하고 아이 낳고 살고 싶었다. 그렇게 될 줄 알았다. 하지만 어느 날 남자친구가 다른 여자를 좋아하게 됐다고 말했다. 나는 매달렸다. 그때 난 남자친구를 좋아했다기보다 우동사에서 그와 함께 할 미래가 필요했던 것 같다. 그렇게 남자친구와 헤어졌다. 한동안 없어진 것 같은 불안감이 나를 뒤덮었다.

언니들이 하는 모임에 관심이 생겼다. 언니들은 몇 년 동안 일본 스즈카라는 곳에 있는 애즈원네트워크에 유학생으로 왔다 갔다 했다. 걱정 없이 가볍고 밝게 살아가는 언니들을 보면서 나도 저렇게 되고 싶다는 마음이 커졌다. 그래서 애즈원세미나에 참가해 탐구했으며 그럴수록 애즈원네트워크에 더 관심이 생겼다.

그때는 내가 페미니즘 책을 읽고 강연을 들으러 다니면서 화를 내고 싸우기 바빴다. 온 세상 남자들을 다시 교육해야 할 것 같고 쉽게 좌절감에 빠졌었다. 하지만 세미나를 듣고 자신을 알기 위한 코스를 들으면서 어느 순간부터 남자들과 싸우고 싶은 게 아니라 내가 여자이기 때문에 억지로 해야 할 것 같은 일들이 힘들었구나, 소중하지 않게 대해지는 것 같아 그게 속상했던 거구나, 하며 나를 볼 수 있었다. 내가 보이니 사람들도 보였다. 다투고 싶은 사람은 없구나, 그런 말랑한 마음들이 보였다. 사람보다 고양이를 좋아하는 줄 알았는데 사람들이 귀엽게 보였다. 사람을 좋아하구나 나는.

스즈카 커뮤니티에 방문해 대가족처럼 사는 사람들을 만났다. 거기엔 사람의 마음을 들을 줄 아는 어른들이 있었다. 본래의 사람,

마음의 성장에 관심이 있는 사람들이었다. 그 어른들처럼 되고 싶어졌다. 그래서 아카데미 과정에 들어갔고 브라질, 스위스, 일본, 한국에서 모인 청년들이랑 같이 생활하고 낮에는 직장에서 연수를 하고 밤에는 같이 하루를 돌아보고 어땠는지 이야기하는 모임을 했다. 그러면서 내가 꽤나 사람들을 경계하고 잘 보이려고 애쓴다는 걸 알았다. 그래서 사람들과 있는 게 금방 피곤해졌다. 하지만 스즈카에서 나를 지키지 않아도 된다는 게 정말 자연스럽고 편안했다.

그리고

지금은 지리산 자락 산청에서 살고 있다. 십 년 만이다. 일 년 전만해도 다시 돌아와 엄마와 함께 살면서 직장을 다니는 생활은 상상도못 했었다. 아니 사실 그렇게 다시 살 수 없을 것만 같았다. 하지만돌아왔고 여기에서의 삶을 꾸리고 있다.

어쩌다 보니 n잡러가 되었다.

산청에 오기 직전 나는 검암 '우리동네사람들'의 친구들과 함께 생활하며 아르바이트를 하며 지냈다. 새벽부터 낮 시간까지 인천공항에 있는 한식당에서 서빙하고 낮에는 돌아와 언니 오빠들의 아이들과 엄마들과 놀았다. 그것도 나름 재미있었지만 도시에서의 삶은 점점더 나 자신을 쓸모없게 느껴지게 했다. 고등학교 졸업 이후 대학에 가지 않는 선택을 하고 내 나름의 고민들 속에서 사는 삶들이었지만 도시에서 내가 할 수 있는 건 많지 않았다. 그런데 가끔 시골에 있는 부모님 집에 내려가서 정신 없이 몸을 움직여 밭일이나 정원을 손보면 뿌듯함이 있었다. 계절마다 나는 것들이 나를 풍요롭게 만들어줬다. 그래서 고민 끝에 인천에서 친구들과의 생활도 정리하고 다시 지역으로 돌아왔다.

산청에도 청년들이 있었다. 내려와서 일을 구하지 못하면 감이라도 따야지, 양파라도 캐러 다녀야지, 생각했는데 원지에 있는 〈남다른이유〉 카페에서 '함께 일해보지 않을래?' 하고 말을 걸어줬다. 얼떨결에 카페에서 일을 하게 되었다. 〈남다른이유〉는 동네 사람들의 아지트다. 오후 4시만 되면 친구들의 아이들이 진주 유치원에서 하원을 해서 그때 카페에 가면 모두를 다 만날 수 있다. 모이자! 라고 약속을 안 해도 자주 모이게 된다. 사장인 남달과 이유는 사장 같지 않은 언니, 오빠 같은 사람들이다. 맨날 사람들에게 뭔가를 주고 싶어 한다.

그리고 엄마와 함께 생강 농사를 짓고 있다. 생강 농사는 500평 정도. 다른 텃밭은 퍼머컬처를 배우고 온 친구들과 함께 다양한 채소를 심고 있다. 최근에는 배추랑 무를 파종했다. 배추는 항상 심지만 항상 망한다는 엄마 말에 어떻게 하면 벌레가 오지 않게 할지(약을 치지 않고). 고라니가 먹지 않게 할지 머리를 쓰고 있다. 망도 쳐보고 매일 가서 들여다보고 있는데 벌레들은 맛있는 배추는 어떻게 알고 매일 가도 매일같이 아삭아삭 먹는다.

그리고 제일 최근, 몇몇 내 주변의 분들이 "정인씨 혹시… 산청간디중학교 사감 선생님을 지원해보면 어때요?" 하고 말을 걸어주셨다. 그렇게 간디중학교와 인연이 되어서 지금은 간디중학교 사감 선생님까지 하고 있다. 몇 주 전 개학을 하고 아이들을 만났다. 아이들은 별것 아닌 일에도 까르르 웃고 밤만 되면 여기 아프다, 저기 아프다 하며 나를 찾아온다. 다시 학교에 다니는 기분이다.

매일이 꽉 찬 하루다. 한가롭게 유튜브를 보고 인스타그램을 보고 있을 시간이 없어졌다. 도시보다 바쁜 시골 생활이라니. 전에는 상상도 못 한 생활이다.

시골에 살다 보니 계절의 변화가 가깝게 느껴진다. 그래서 옛 조상들의 절기를 기록한 달력을 자주 보고 있다. 이제 백로가 지나고 단풍이 들고 낙엽이 떨어지고 있다. 밤을 주울 때가 왔다. 올해는 밤을 주워 밤쨈을 만들어 볼까 싶다. 그리고 11월이 되면 생강을 캐야 한다. 생강을 캐서 생강청을 만들어 팔고 있다. 생강청을 팔기 위해 홍보도 해야 한다.

고등학교 졸업 이후 지금 어떻게 지내고 있는지에 대한 질문을 들었을 때 한마디로 말하기가 힘들었다. 여전히 삶에 대해선 고민 중이고 어떤 것을 중요하게 여기고 싶은지에 대해서도 명확하게 답하기 힘들다. 그래도 같이 고민할 친구들이 많이 생겼고 할 수 있는 것들도 늘었다. 파랑새를 찾지는 못했지만 찾으러 나간 여정들이 후회되지는 않는다.

너그러운 세상이 마련해 둔
내 자리를 찾아서

조희주

11기. 충남 홍성 홍동마을의 '꿈이 자라는 뜰'에서
작은 농사와 아이들을 연결하는 일을 하고 있다.
주로 먹고, 놀고, 산책하고, 쓰고, 그리는 일 등 좋
아하는 일에 대부분 시간을 쓰고 있다. 하루하루
가 즐겁다. 그리고 하루하루에 감사하다.

졸업하고 거창한 업적 하나 없지만

실은 글쓰기를 안 하려고 했었다. 지수 언니에게 글쓰기 부탁을 받
고 덜컥 수락했다가, 고민 끝에 다시 거절했었다. 마을공동체로 소
문이 나서 나름 유명하다는 홍성군 홍동면에 살고 있기는 하지만,
나는 그냥 살고 있을 뿐이지 '공동체'에 대해 왈가왈부할 공력을 가
진 사람은 아니라고 여겨졌기 때문이었다. 게다가 기억이 잘 나지 않
는 10년 전 학교생활과 연결 지어서 지금 내 삶을 A4용지 다섯 장
분량으로 세상에 보여달라니 … 부담감이 확 일었다.

　지수 언니에게 다른 활동에 집중하고 싶다는 등 핑계를 대며 어
렵다는 의사를 밝히고는 홀가분하게 손을 뗐다고 생각했지만, 10년

만에 보길 선생님의 전화를 받고 거스를 수 없는 강을 건너고야 말았다.

보길 선생님께서 하신 말의 요지는 이랬다. "부담 갖지 말거라. 학교 졸업하고 어쩌구저쩌구 하는 거창한 삶을 조명하기보다는, (그냥) 각자 자리를 만들어가며 (살고 있는) 졸업생들의 이야기를 담고 싶은 거란다. 어렵게 생각할 필요가 없단다." 이 통화가 글쓰기를 거절할 수 있는 마지막 기회였는데. 그때 당시 나에게는 괄호 속 말만 크게 들렸다. 그냥 살고 있는 이야기. "그냥 살고 있는 이야기를 담고 싶은 거란다…"

'그냥 살기'는 내가 자신 있는 분야잖아? 불쑥 찾아온 자신감에 그래서 그만, "할게요."라고 답을 해버리고 만 것이다.

무사히 할머니가 될 수 있을까

26년 도시인의 삶을 청산하고 이곳으로 오게 된 건 청년 농부의 빅피처, 생태적인 삶으로의 대전환 같은 거창한 목표 때문이 아니었다. 성취하고 발전하며 명예롭게 살기만큼이나 '그냥 잘 살고' 싶었다. 이를테면, 여전히 내 꿈은 어떤 직업적 성취와는 거리가 멀다. '물구나무설 수 있는 사람이 되기', '먹고 바로 설거지하는 사람이 되기.' 장래 희망은 좋아하는 노래 제목처럼 '무사히 할머니가 되기' 뭐 이런 식이다.

귀농하고 4년 동안 부단히 노력한 결과, 나는 워라밸의 최고 균형감을 찾았다. 3.5일은 일하고 3.5일은 쉬어가는 워라밸 궁극의 경지. 일하지 않는 날에는 주로 홀로 글을 쓰거나 그림을 그리고 산책하고 집을 가꾸며 시간을 보낸다. 그리고 학교에서 동아리 활동을 하듯, 여러 모임에 참여한다. 추우나 더우나 일요일이면 모여서 축구를 하고, 느슨하게 글을 쓰고 나누고, 일상을 마친 뒤 모여 그림을 그리고, 독서 모임을 한다. 단체 명상, 개 산책 모임, NVC 연습모임, 막걸리 연구회…. 관심 분야가 조금이라도 맞닿으면 모임으로 이어진다. 때로는 그저 깔깔거리며 먹고 마시고 노래하며 논다. 일 벌이고 놀고먹기를 좋아하는 사람들이 모여 사는 복작복작한 작은 시골마을에는 사랑할 거리들이 도처에 있다!

　여기에 더해 나는 지금 내 일을 사랑한다. 〈꿈이자라는뜰〉이라는 작은 농장에서 일하고 있다. 장애와 비장애, 배우는 사람과 가르치는 사람, 돌보는 사람과 돌봄을 받는 사람의 경계가 허물어지는 다정한 직장에서 일하는 행운을 누리고 있다. 땅을 잘 매만져 씨앗을 심고 물을 주며 마음을 조금 쓰면 그 이상의 수확물을 주렁주렁 선물처럼 내어주는 자연과 가까이 지낼 수 있다는 점도 내가 이 일을 사랑하는 이유 중 하나다. 이 일을 더 깊이 있게 배우고 싶고, 이 일을 통해 더 나은 사람이 되고 싶다. 일은 내가 빛날 수 있는 지점을 알려주고 세상에 내가 가진 걸 돌려줄 기회를 마련해준다. 바쁘게 돌아가는 일상 중에서 내가 꾸준히 꿈을 꾸고 자랄 수 있게 해준다.

　내가 원하는 만큼 좋아하는 일을 하고 그렇게 번 돈으로 일상을 균형감 있게 잘 매만지고 싶었다. 시골 마을은 내가 선택한 삶의

방식을 기꺼이 받아들여 주는 안성맞춤의 장소다. 일과 삶에서 균형을 잡기 위해 필요한 지극히 정상 수준의 주거 환경, 내가 먹는 것과 세상의 아름다움이 어디서부터 오는지 호기심을 채워주는 자연, 또 마을이라는 관계 울타리는 모든 걸 혼자 힘으로 부담하지 않아도 된다는 안도감을 준다. 매일 비슷한 하루를 잘 넘기고 천천히 낡아가고 있다. 한 마을을 오래오래 지키며 땅과 함께 살아가는 할머니가 되는 꿈에 무사히 한 발짝 가까워진다.

어쩌면 필요한 건 안전한 실험 공간

이 삶의 방식이 어디에 뿌리내렸냐 묻는다면 나는 주저 없이 산마을 생활 3년이라는 땅에 뿌리내렸다고 말하겠다. "학생의 본분은 성실하게 공부하기"라는 말을 들으며 자라온 평범한 청소년이었던 내게 산마을 생활은 다른 차원의 문을 열어젖힌 것처럼 마냥 신나는 자유세계였다.

돌이켜보면 나는 산마을 생활 3년을 이런저런 삶의 방식을 실험하는 시기로 보냈다. 해야만 하는 공부보다 내가 원하는 활동으로만 학교생활을 가득 채워도 돼? 내가 먹는 건 어디서 왔지? 고기 안 먹는다고 말하고 채식 식단 요청해도 돼? 수능 날 시험 안 보고 고구마 캐도 돼? 가끔은 수업 땡땡이치고(샘들 죄송) 규칙 어기고(사감샘 죄송) 놀아버리는 것도 꽤 즐겁네? (대가도 따른다는 걸 배울 수 있는 훌륭한 실험이었다) 하고 싶은 거, 배우고 싶은 게 뭔지 모를 때 결정을 미루고 고민하는

시간을 가져도 돼? 등등.

흙과 만나고 채식을 시작하게 된 것도, 세상이 규정한 틀에서 벗어나 편안한 옷차림으로 여유롭게 살아가는 히피들을 만난 것도, 다양한 동아리 활동으로 직장인만큼이나 바쁜 일정을 소화하며 놀아본 경험도. 24시간 친구들과 붙어살며 울고 웃고 별일을 다 겪었지만 결국에는 '어른이 돼서도 이렇게만 살고 싶다'라고 생각하게 된 것도 산마을 생활 덕분이었다. 어린 나는 양손에 숟가락과 젓가락을 동시에 들고 복스럽게 학교 밥을 먹으며 쑥쑥 자랐다. 호기심이 닿은 모든 장소에 손을 뻗어 삶을 실험하고 내게 맞는 삶의 방향과 속도를 찾아갔다. 나를 이해하고 내 삶을 기댈 장소를 찾기 위한 실험의 장으로 산마을은 꽤 안전한 곳이었다.

위에서 한번 말했듯, 나는 공동체에 대해 왈가왈부할 인물은 아니다. 그렇지만 이 말은 할 수 있다. 의외로 세상은 너그럽다. 좋게 말하면 나름 줏대를 갖추고 사는 사람, 가벼이 말하자면 고집스럽게 제멋대로 살고야 마는 사람(이를테면 나)이라도 이 너그러운 세상은 어울릴 장소를 마련해 둔다. 지금 내가 시골 생활을 선택해서 살고 있는 것처럼, 나와 함께 졸업한 친구들 모두 다른 모습으로 각자의 자리에서 살아가고 있다. 진풍경. 이 진풍경이 어렸던 우리들에게 산마을이 어느 정도 적합한 수준의 실험 공간이었다는 걸 증명해주는 게 아닐까?

글을 여기까지 쓰고 나니 흩어진 친구들의 안부를 묻고 싶어진다. 지면을 빌어 마음 한 자락 전하는 걸로 글을 마무리 지어야겠다. 내 자리를 찾아가는 과정이 순탄하지만은 않았다. 앞으로도 종종 예상치 못한 변화를 맞이하고 헤매기도 하며 조금씩 성취하고 성장하는 과정을 겪을 거라 예상한다. 그래서 때때로 괴팍하고 예민하며 지나치게 무심하기도 했던 지난날의 나를 품어준 오랜 친구들에게 고맙다. 이 성향은 어디 안 가서 지금도 여전히 공들이며 실패하는 일상을 살고 있는데, 이런 나라도 따숩게 봐주는 지금의 친구, 동료, 이웃들. 고맙습니다!

세상의 변화는 '나의 변화'에서부터

: 평화·통일을 삶의 의제로 세우는 데까지

이기은

16기. '평화와 통일을 여는 사람들' 청년활동가. 청
소년 대상 평화교육과 한국원폭 피해자를 지원하
는 국제연대사업에 참여하고 있다. 원폭 피해의 참
상과 책임 문제를 규명하기 위해 2024년 히로시마
국제토론회, 2026 원폭 국제법정을 준비하고 있다.

남들이 보면 거창할 것 같기도, 참으로 힘겨울 것 같기도 한, 나는
시민단체 활동가다. 그것도 젊은 청년세대들은 관심도 갖지 않고,
오히려 적대감까지도 가지고 있는 '평화', '통일'을 이루기 위해 활동
한다. 내가 활동하고 있는 '평화와 통일을 여는 사람들(이하 평통사)'은
1994년부터 설립된 오랜 역사가 있는 단체다. 이 단체를 처음 만나게
된 곳이 바로 산마을학교다. 그리고 활동가가 된 이후, 이제는 산마
을학교 학생들을 만나 평화통일 교육을 하기도 한다. 내가 만약 산
마을학교에 다니지 않고 일반 학교를 진학했다면, 지금과 같은 삶은
상상조차 하지 못했을 것이다.

　이 글을 통해서 부족하지만, 내가 어떻게 사회에서 주어지는 것
들이 아닌 새로운 상상을 하고, 사회 변화를 믿으며, '평화와 통일'을

삶의 의제로 세울 수 있었는지, 그 계기들에 대해 이야기를 해보고
자 한다. 이 과정은 산마을 졸업생 한 개인의 고민과 선택의 순간이
면서도, 한국 사회에서 변화를 꿈꾸는 사회인으로서의 고민 과정이
기도 하다.

'평화'를 처음 만나다.

산마을학교에는 3가지 이념이 있다. '자연', '평화', '상생'. 우리 학교의
이념이 참 좋지만, 학교생활 속에서 이 이념에 대해 얼마나 고민하고
또한 실천하는지 의구심이 들 때가 많았다. 그중에서도 '평화'는 익
숙하면서도 낯설었다. 오늘 하루를 무탈하게 지내면 그 자체가 '평
화'라고 느꼈고, 전쟁이 아직 끝나지 않은 한반도와 세계의 오늘을
보며 느끼는 '평화'는 낯설었다.

　막연하게만 느껴졌던 평화가 2학년 때 간 베트남 평화기행을 통
해 실체화됨을 느꼈다. 베트남 평화기행은 베트남 전쟁 때 파병 간
한국군이 저지른 민간인 학살을 마주하는 프로그램이다. 베트남 다
낭에서 여러 민간인 학살 지역들을 걸으며 느꼈던 압박감이 아직도
생생하다.

　피해자 분을 만났을 때는, 하염없이 흐르는 눈물마저도 사치처
럼 느껴졌다. 베트남 전쟁이 끝났지만, 그분의 생은 아직 전쟁이 지
속되는 것 같았다. 그분들 앞에서 어떻게 '평화'라는 것이 내 삶의 무
탈함일 수 있겠는가. 평화기행을 갔다 온 후, 베트남에서 찍었던 사

진들을 전시하기도 하고, 추모식에 꽃을 보내기 위한 기금 마련을 위해 학교 안에서 바자회도 진행했다.

베트남 기행 이후, 다시 '평화'를 고민하게 된 시기는 고3이었다. 그리고 그 시절에 '평통사'를 처음 알게 되었다. 선생님의 권유로 '평통사' 활동가의 강의를 학교에서 듣게 되었고, 이후 평통사에서 주관하는 합천-소성리 평화기행까지 함께하게 되었다. 강의를 들었던 2017년은 한참 당시 미국의 트럼프 대통령과 북한의 김정은 위원장이 서로의 책상 위에 더 큰 핵 단추가 있다며 협박했을 때였다. 한반도 정세는 핵 대결의 정점에 왔었는데, 강화도의 작은 학교에서 생활하다 보니 먼 이야기처럼 느꼈다. 그때까지만 해도, 내가 생각하는 '평화'는 지금 여기에 살고 있는 나의 문제처럼 다가오지 않았다.

그러다 산마을 친구들과 평통사와 합천-소성리 평화기행을 다녀오면서부터 지금 여기의 문제로 평화를 마주하게 되었다. 합천에는 1945년 일본에 떨어진 원자폭탄으로 인해 피폭당한 한국원폭피해자 분들이 있었고, 소성리에는 주한미군의 요격미사일인 사드가 배치되어 있었다. 지금은 수십 번도 왔다 갔다 하는 곳이지만, 난 그때 합천과 소성리를 처음 방문했다. 기행을 하면서 '혼란'이 컸다. 합천을 방문하면서는 '왜 우리 한국 사회는 한국원폭 피해자에 대해 알려고 하지 않을까?', 소성리를 방문하면서는 '이렇게 소성리 마을은 평화를 위해, 후대를 위해 싸우고 있는데 왜 한국 사회는 이들의 싸움을 알아주지 않는 걸까?' 등. 이런 혼란함으로 인해 함께 갔던 평통사 활동가분에게 이것저것 질문들을 쏟아 냈다. 왠지 사회가 이

분들의 노고를 끝까지 몰라줄 것만 같았다. 그래서 당돌하게 물어 봤다.

"정말 한국 사회가 바뀔 거라고 생각하세요?"

이 질문이 현재 내가 평통사 활동을 하게끔 만든 질문이 되었 다. 왜냐면 답을 해주신 평통사 활동가의 답변이 내 마음의 파장을 일으켰기 때문이다.

"사회의 변화가 어디서부터 출발한다고 생각하니? 어떤 거창한 단어들이 필요하지 않아. 왜냐면 사회의 변화는 '나의 변화'에서부터 출발하거든."

감동했다. 그 답변 한마디에 이분의 진정성을 느낄 수가 있었다. 다른 거창한 단어들로 멋들어지게 이야기했다면 나는 안 믿었을 것 이다. '나의 변화'라는 그 담백한 답변이 너무나도 좋았다. 나의 변화 란, 끊임없이 내 안에 있는 모순들을 발견하고, 반추하고, 싸워야 하 기 때문에 참 힘든 과정이다. 그리고 겸손한 과정이기도 하다. 사회 활동가의 경력이 아직 짧지만, 가끔 사회 변화를 위해 활동한다고 하 면서 온갖 말로 자신을 포장하고 과시하기 바쁜 사람들이 참 많다.

사회활동가도 그렇게 괴물이 되기 쉽다. 끊임없이 나의 변화를 위해 노력하고 그 출발에서부터 너의 변화, 우리의 변화, 사회의 변 화를 위해 노력하는 것이 정말 '사회활동가'겠다는 생각이 들었다. 그 리고 한반도 평화를 위해 싸우는 소성리 할머니들을 보며 평화란 결 코 저절로 얻어지는 것이 아니라 변화를 일으켜, 얻어내는 것임을 배 웠다. 평화가 익숙하면서도 낯설었던 나에게, 이제 평화는 내가 이뤄내고 싶은 꿈이 되었다.

'통일'을 처음 만나다.

고3 학기 말에 평통사를 만나고, 그렇게 산마을을 졸업하게 되었다. 졸업하고 난 뒤 대학을 진학하고 사회학과 정치학을 전공했다. 신입생 시절, 한참 2018년 한반도의 봄이 올 때였다. 판문점에서 남북 두 정상이 부둥켜안고 남북 역사상 최고의 합의를 약속했을 때, 정말 뜨거운 눈물이 났다. 그 상황을 대학 친구들과 보고, 이어서 평통사 분들과 번개 모임을 가지며 한 술집에 들어가 지금 느끼는 뜨거움의 감정을 나눴다. TV를 보며 술집 사장님과 짧게 나눴던 대화가 기억에 남는다. "이제 정말 통일이 될 수 있겠어요. 이게 정말 가능하네요!" 뜨거움은 싱가포르, 평양까지 이어졌다. 시대의 변화 속에서 '통일'에 대해 꿈꾸게 되고, 호기심을 갖게 되었다.

2018년, 19년도에 평통사에서 관련 내용들을 공부할 수 있었다는 것이 얼마나 행운이었는지 모른다. 만약 평통사 활동 없이 뉴스로만 접했다면, 세세한 것들의 의미를 알지 못했을 것이다. 하지만 안타깝게도 2019년 북미 정상 간의 하노이 회담이 결렬되고, 남북 간의 평화통일 프로세스는 점점 경색되어갔다. 그 원인에 대해 평통사 안에서도 공부하고, 대학에서도 여러 사람들과 많은 토론을 했다.

2018년도의 과정을 보기 전까지는 통일이 과연 가능할지 의구심이 많았으나, 실제로 평화통일을 어떻게 해나갈 수 있는지 그 이

정표를 보여주는 판문점·평양 선언을 보며 우리가 할 수 있는데 안하고 있는 것임을 확신하게 되었다. 안 하는 이유는 다양했다. 자신의 정치 입지를 지키기 위해서, 다른 나라 눈치 보느라 등. 움직이지 않고 있는 정부를 움직이려면 우리가 움직여야 한다. 배우고, 행동해야 한다는 생각으로 대학 생활 동안 나는 평통사에서 점차 활동의 폭을 넓혀갔다. 그리고 평통사의 활동을 나누고자 대학 안에서도 20~30명 정도의 학우들을 모아 매년 세미나도 열기도 했다. 졸업 직전에는 동아리도 만들어 지금까지 유지하고 있다.

대학에서 열정적으로 평통사 활동을 하면서 걱정도 있었다. 대학 생활에 오히려 몰입해야 하는 거 아닌지란 생각이 불쑥불쑥 튀어나오기도 했다. 그런 고민 끝에 내가 내렸던 결론은 대학이란 말 그대로 큰 학문을 배우는 곳인데, 그 배움을 대학교로만 한정 짓지 말자는 것이다. 사실 학과가 사회학, 정치학이다 보니 평통사에서 공부한 내용과 상호작용하며 배움의 지평을 크게 넓혀주었다. 그리고 4학년이 되면서 자연스럽게 사회활동가의 삶을 진지하게 고민하게 되었다.

평화통일 활동가의 삶을 결심하다.

대학 생활 4년 동안 평통사에 열정을 쏟으며 활동했지만, 정작 상근활동가가 된다는 것은 전혀 다른 차원의 문제였다. 그래서 처음에는 다른 취업도 생각해서 여러 취업 지원 사이트도 찾아보았다. 그때마

다 내가 느꼈던 건 패배감이었다. 왠지 자소서 하나로 내 삶이 부정당하는 것 같았다. 그 과정 속에서 평통사 활동가분들과 많은 대화도 나누고, 활동가로의 삶에 관한 다양한 공부도 함께했다. 그런데 쉽게 결심을 세우기가 어려웠다. 그런 나에게 평통사 대표님의 한마디가 결심을 서게 해주었고, 수많은 대화 속에서 내가 평통사에서 활동하지 않을 이유가 없었다. 그리고 그 과정이 나를 긍정하는 과정이라 생각이 들었다. 대표님의 한마디는 단순했다. "네가 우리에게 필요하다. 그리고 우리가 너에게 필요하다."였다.

그렇게 졸업하자마자 바로 평통사 상근활동가가 되었다. 몇몇 사람들은 좀 놀다가 일하지 그러냐고 했지만, 나에게 결심이 섰고, 목표하는 바가 생겼는데 굳이 지체할 필요가 없다고 보았다. 그리고 그 결정을 현재까지 후회하지 않는다.

평화통일 활동가로 지내면서 나는 많은 부족함을 느낀다. 그리고 평화통일 운동에 대한 책임감도 키워 나가는 중이다. 많은 사람은 경제적 부분 때문에 활동가가 힘들 거라고 생각하지만, 나는 경제적 부분보다도 사람에 대한 어려움이 더 크게 작용하는 경우가 많다. 이는 활동가의 필연적인 숙명 같다. 그런데 반대로 보람과 행복도 사람들 덕분에 느낀다. 나는 그전까지 나의 발전만을 바라보고, 그 성취에 만족을 느꼈던 사람이었다. 그런데 활동가의 삶을 살아가면서 점차 타인의 발전, 타인의 변화를 보면서 나의 발전보다 더 큰 성취감과 기쁨을 느껴가고 있었다. 이것이 사회의 변화로까지 이어질 수 있다고 믿는다.

사회의 변화는 참으로 더디지만, 나의 변화, 우리들의 변화를 보며 활동가로서의 활력을 잃지 않으려고 노력한다. 여기까지가 내가 산마을 졸업생으로서, 한국 사회를 함께 살아가고 있는 사회인으로서 나누고 싶었던 이야기이다.

지역과 세계

"지역의 주체가 되어 살아갈 아이들이 어떻게 마을을 이해하고, 어떤 마을을 만들어 함께 살 것인가를 생각할 수 있는 좋은 기회가 될 것이다."

세계화 가운데 우리는 우리의 세계인 지역을 살펴보는 시간을 가졌다. 일주일에 한 번 지역기관에서 봉사하고, 우리가 딛고 있는 강화 땅을 더 잘 이해하기 위해 강화 곳곳을 거닐며 역사를 공부했다. 흔한 수업처럼 우리 지역의 역사, 문화, 인프라를 컴퓨터로 조사하는 게 아니라 직접 나가서 사람과 공간을 통해 배우는 시간이었다. 지역과 세계는 과목이기도 했지만 이름처럼 이미 산마을의 많은 부분에서 그 가치가 스며들어져 있었다. 예를 들면 양도면 마을교육공동체 '진동'과 함께 마을 행사를 만들면서 놀고먹고 함께 즐기기도 했고 다양한 나라의 공동체, 학교의 교류 그리고 WWOOF도 그중 하나이다. 이 경험을 지나온 우리는 지역과 세계를 베이스로 나름의 다양한 역할을 하고 있다. 이들은 지역 또는 세계를 이분법적으로 보는 것이 아니라, 보다 넓은 시각으로 지역과 세계를 이어가는 중이다.

강화도에서 그만두지 않는 방식

성결

17기. 강화청년협동조합 '강화유니버스'에서 살고 있다. 고등학교
때 생겼던 '졸업 이후 대학이나 도시가 아닌 다른 길이 있을까?'
라는 궁금증에 스스로 답을 찾아 5년째 강화도에서 먹고살고 있
다. 지역의 문화를 만들어가는 '청풍'의 멤버로, 작은 텃밭의 게으
른 농부로, 도도한 고양이 니니의 반려인간으로, 멋진 이웃들의
환대와 연결 속에 더불어 살고 있다. '다음엔 또 어떤 길이 있을
까?'라는 궁금증을 품고 있다.

나는 강화에서 살고 있다. 산마을을 졸업했다는 사실 이외의 아무런
연고도 없지만, 여기에서 덜컥 살아보겠다고 결심했다. 쉽지 않은 과
정이었다. 서울의 유명 대형병원에서 태어나 신도시 키즈로 자라온
내가 어쩌다 여기까지 흘러들어오게 되었을까? 이 글은 강화에서 보
낸 도합 8년 동안의 흐름을 차근차근 짚어가는 글이다. 멀끔한 지침
이 아니라, 우리 삶의 여러 갈래 중 한 방향으로 소개해 보고자 한다.

현재 나는 지역의 문화를 만드는 '협동조합 청풍'의 멤버로 활동
하고 있다. 매년 천여 명의 사람들이 청풍을 통해 강화를 만나러 방
문한다. 여기서 반가운 점은 기존 귀농·귀촌 수요자로 인식됐던 남
성/토박이가 아니라 새로운 삶의 경로를 모색하며 시골을 찾는 여
성/청년, 나처럼 지역에서의 삶을 상상하는 후기 청소년, 자신만의

삶과 업을 세워가는 멋진 이웃들이 함께하고 있다는 것이다. 나는 동료들과 함께 누구든지 강화도와 연결되고, 지역을 마음껏 탐색할 수 있는 장을 만들어간다. 한때 내가 혼자서 겪어야 했던 우여곡절을 다른 누군가는 비껴갈 수 있기를 바라면서.

산마을 졸업 이후에 대학이나 도시 말고 새로운 삶의 경로가 있을까?

여러 강연이나 인터뷰 자리에서 '어떻게 산마을에 가게 되었는지' 몇 번이고 대답해왔다. 솔직히 말하면, 별 이유 없었기 때문에 그때그때 가장 괜찮은 이유를 대곤 했다. "일반 고등학교에 가서 입시를 시작하고 싶지 않았어요. (아니다, 교복 입어보고 싶어서 가고 싶었다)", "진로나 철학을 깊이 있게 고민할 수 있을 테니까 오게 되었어요(그것도 반쯤 아니다, 시간이 너무 안 가서 이러다 어른이 안 되는 줄 알았다)."

어렸을 때부터 작은 대안학교에 다녀 큰 공립학교에 가는 것이 겁났고, 엄마가 여길 맘에 들어 하는 것 같았고, 추수가 가까워져 노랗게 익은 논밭의 학교 설명회 풍경이 좋았다. 그게 가장 솔직한 산마을 입학의 이유다.

부모님은 나의 자아가 얼추 형성되던 초등학교 고학년이 되자마자 줄곧 "고등학교까지 졸업하면 이제 모든 지원은 끝이다, 대학도 삶도 모두 스스로 해결하는 거다!" 하는, 얼떨떨하고 무시무시한 말을 하셨다. 나는 고등학교 졸업이라는 유예기간을 두고, 그전까지 가장 안전하고 즐겁고 나다울 수 있는 새로운 경로를 찾아야 했다. 그건 애초에 무리였을지도 모르지만, 어떤 말을 몇 년째 듣고 자라다 보면… 흠, 물러날 길이 없어지는 기분이 든다.

그때부터 '졸업 이후에 대학이나 도시 말고 새로운 삶의 경로가 있을까?" 하는 내 안의 질문이 시작되었다. 붙잡고 집요하게 질문해 온 이유는, 혼자 힘으론 대학도, 도시도 한없이 역부족이라는 걸 알았기 때문이다.

산마을에는 기존의 경로가 아닌 대안적인 삶을 탐구하는 친구들을 많이 만날 수 있었다. 우리는 언제 만나도 나눌 얘기가 많았다. 나를 포함한 그중 몇몇은 학교협동조합 '마테' 활동을 열심히 했다. '마테' 친구들은 학교가 속한 마을에서 축제나 모임을 열어 고민을 나누고, 때로는 먼저 자신만의 경로를 찾아가고 있는 사람들을 초대해 대화의 장을 만들었다. 이러한 고민과 탐색의 연장선에서, 졸업 이후에 강화를 떠나지 않는 경로도 늘 우리들의 화제 중 하나였다. 셰어하우스를 만들어서 살면 어때? 적당히 벌어 잘살 수는 없을까? 농사를 지어 먹거리를 자급하면 어떨까?

그런데 졸업이 다가올수록 함께 머리를 맞대던 친구들이 하나둘 현실적인 이유로 떠나갔다. 고민이 끝나지 않았는데 나에게도 졸업이 다가오고 있었다. 머리로는 무탈한 경로를 벗어나는 것이 고생길이라는 걸 알겠는데, 우리가 나눴던 상상대로 살아봐도 꽤 좋을 것 같았다. 그래서 남아보기로 했다. 적어도 그때의 나에겐 대학이나 도시가 말로만 별거 아닌 것이 아니라, 진짜로 별거 아닌 것처럼 느껴졌다.

여기서 내가 결정적으로 간과했던 점을 고백하고 싶다. 졸업을 목전에 두고 주변 어른들에게 졸업 후 강화에서 살아보고자 하는 계획에 대한 조언을 구하러 다녔던 적이 있다. 청년이 지역과 마을에 남아야 활기가 돈다고, 역시 결이가 아주 잘 생각했다고 다들 참 기특해하셨다. 그 칭찬들이 너무 맛있었던 것 같다. 시골엔 빈집도 많고, 일자리보다 일할 사람 찾기가 더 힘들다고 뉴스에도 맨날 나오니까, 거기다 다들 나보고 훌륭하다고 하니까. 비교적 순탄하게 강화에서 살아갈 수 있을 것 같다고 믿었다.

그러나 생각보다 높은 벽이 존재했다. 실제로 집과 일을 구하러 다녀보니, 강화는 은퇴한 중년들의 유망한 이주지이자 수도권 근교에 위치해 집과 땅값이 높았고, 노동계약서를 쓰지 않고 최저시급을 받지만 불러주셔서 감사드린다는 마음으로 임해야 하는 일자리만 많았다. 그렇지만 지역에서의 삶을 선택하고 적응하기 가장 어려웠던 건, 높은 월세와 질 낮은 일자리가 아니다.

나는 졸업 이후에도 적극적으로 지역과 마을에서 활동해 보고 싶다는 마음이 있었는데, 1년여간 내 몫의 자리가 주어지지 않았다. 나는 동등한 구성원이나 활동가가 아니라, 딸 같고 기특하고 더 보고 배워야 하는 존재였다. 당연히 내게도 어깨너머 배우며 흡수되는 시간이 필요할 거라 느꼈지만 반년이 넘어가니 불안한 마음이 들었다.

그렇게 아무 일도 일어나지 않았다. 시행착오를 경험할 기회 없이 그저 보고 배워야 하는 위치에 놓이니 나는 점점 무기력해졌다. 와중에도 '고령화 지역에 활기를 가져다줄 청년'이라는 매끈한 정체성으로 여러 회의 자리에 나가 얼굴을 비추어야 했다. 역시 발언권은 없었다. 더군다나 나를 딸처럼 생각한다면서 회식 자리에 가면 아가씨 옆에 앉아 기분이 좋다고 했다. 좌절할 만큼의 성인지 감수성까지. 나 왜 여기서 이러고 있나.

누군가를 구성원으로서 초대하고, 자리를 내어준다는 것은 말처럼 쉬운 일이 아니다. 훈훈하고 좋은 일이 아니라 오히려 불편해지는 일에 가까운 것 같다. 웃자고 던진 농담이 더 이상 통하지 않을 수 있는 일, 편안한 지위에 균열이 나는 일이다. 초대하는 마을에서도, 초대받는 내 쪽에서도 이걸 터부시했던 것이다. 의지하던 마을 선생님께 모든 고민을 털어놓았을 때 '그건 결 마음의 문제일 수도 있다'라는 답변이 돌아왔던 어느 저녁 식사 자리에서 나는 결심한다. 떠나자. 지긋지긋해져 버린 강화도를 그리고 이왕이면 한국을.

1년간 강화 온수리에 있는 카페에서 알바하며 벌었던 백만 원 언저리 월급에서, 생활비 빼고 야금야금 모았던 돈들이 있었다. 잘 구워삶으면 반년 정도는 한국을 떠나 있을 수 있겠다는 생각이 들었다. 태국과 영국에 가는 비행기를 예매했다. 변경도 환불도 안 되는 초저가 항공으로. 돌아와서는? 나도 도시에 있는 엄마 집으로 들어가 대학 입학을 준비하고 싶다는 마음이 굴뚝 같았다.

'일하고 싶다'는 마음은 어디에서 시작되는 걸까?

협동조합 청풍(이하 '청풍')은 2013년, 네 명의 청년이 모여 강화 풍물시장에서 화덕피자를 구우며 강화에서의 삶을 시작했다. 그때부터 차츰차츰 발을 넓혀가며 강화의 청년, 청소년, 주민, 소상공인, 창작자 등 다양한 사람들을 만나고, 도시가 아닌 지역에서 '공통의 협력 경험'과 강화만의 문화가 담긴 '즐거운 일'들을 도모해 갔다. 산마을에 다니고 있던 나 역시도 청풍의 존재를 알고 있었다. 이따금 산마을로 멤버들이 진로 강연을 오곤 했는데 그때마다 화덕피자를 여러 판 들고 와서 호감이 갔었다. 이후에도 청풍이 진행하는 축제나 행진에 스태프로 참여하거나, 게스트하우스 '아삭아삭 순무민박'에도 자주 놀러 가며 좋은 관계로 지냈다.

도시로 나가지 않고 강화에서 살아보고 싶다는 고민 역시 청풍의 유마담에게 털어놓았던 적이 있었는데, 그는 유일하게 나를 만류했던 어른이었다. 여긴 청년이 살 수 있는 준비가 안 되었으니 그러지 말고 도시로 나가라고 말했다. 이런 얘기를 꺼내면 어른들은 다들 칭찬하던데 유마담은 자꾸 말리려고 하길래, 찜찜하지만 못 들은 척하고 강화에 남았다.

그리고 내가 그의 만류를 실감하고 이해하게 되어갈 즈음, 유마담은 강화도 기념품을 판매하는 굿즈샵 '진달래섬' 공간을 준비 중인

데 같이 해보지 않겠냐는 제안을 해왔다. 평소에도 로컬의 작은 공간들에 들르고 발견하는 것을 좋아하던 내겐 거절하지 않을 이유가 없는 일이었다. 멋진 디자이너를 만나 함께 협업하고, 공간에 들어갈 하나하나 함께 고민하고, 부족하더라도 우리의 정성이 들어간 작은 공간을 완성해 보기까지. 강화에 살면서 처음으로 가장 신나게 일했던 몇 개월이었다.

나는 이제야 당시 유마담이 건넸던 제안을 자세히 이해할 수 있다. 그는 진짜 일할 사람이 필요했던 것이라기보다는, 내가 관심 있는 분야라는 것을 알고 제안한 것이다. 가진 사회적 자산이 없는 청소년인 내가 강화에서의 특별한 시간, 함께 성취하고 완성해 보는 과정을 경험해 볼 수 있도록 유마담이, 그리고 청풍 멤버들이 양해하고 초대해 준 것이다. 그건 청풍이 청풍의 방식으로 건넨 환대였다.

휙 떠나버리고 싶던 마음 한켠으로, 꽤 재미있는 일이 여기 있고 그래서 더 해봐도 나쁘지 않겠다는 생각이 슬쩍 들었다. 이런 경험이 '일을 계속해 나가고 싶다'는 동력이 되어주는 걸까? 이 팀은 내가 안심하고 머물 곳일까? 공간 준비가 마무리될수록 머리가 복잡해져갔다.

그리고 '진달래섬' 공간을 무사히 오픈한 몇 개월 뒤, 코로나바이러스가 온 지구로 퍼져가고, 해외는커녕 어디로도 떠나기가 어려워지게 된다. 비슷한 시기에 정식으로 청풍의 멤버가 되어보자는 제안을 받았다. 환불 안 되는 항공권을 들고, 정 붙일 곳이 없어진 나는 이렇게 된 김에 딱 1년만 더 해보자고 생각한다. 그로부터 4년째 강화에서 청풍의 멤버로 살고 있다.

나지막하게 일어나는 변화를 어떻게 알아차릴까?

청풍에서 일을 시작하며 배우게 된 가장 중요한 태도는 '긴 호흡으로 바라보는 관점'이다. 모든 것이 익명을 띠고 빠른 속도로 흘러가는 도시와는 다르게, 지역의 속도는 느리고 길다. 그 말인즉슨, 갈등이 생기거나 관계가 틀어져도 없던 일인 양 등 돌리고 각자 갈 길을 가기가 어렵다는 것. 좁고 깊은 지역사회에서는 누구든 분명히 다시 마주칠 일이 생기기 마련이다. 더불어 지역에선 뛰어난 기세와 강한 담론으로 밀어붙이는 일이 어렵다. 당장 진한 인상을 남기기엔 효과적이겠지만, 마찬가지로 길게 보면 탈이 난다.

커오며 들었던 대부분의 칭찬이 '빠릿빠릿하고 싹싹하다'였던 나로서는 너무나도 당황스러운 세계의 문법이었다. 지역이 가진 보수성과 폐쇄성, 낮은 성인지 감수성을 어떻게 변화시켜 나갈까. 당장 이렇게나 시큰둥한데, 길게 본다고 뭐가 달라지겠냐고 자주 투덜댔다. 도시에서라면 시대착오적인 언행에 바로 불편을 표시하거나 면박을 주려고 했을 텐데, 이곳에선 더 나은 메시지와 가치들이 찬찬히 흡수될 수 있도록 길게 보고 계획하는 일이 처음엔 당황스럽고 어려웠다.

내게 '긴 호흡으로 바라보는 관점'은 단순히 선언이나 마음가짐이 아니고, 삶과 업에서 이해되고 요구되는 총체적인 변화였다. 길게

보자고? 흥 어디 한 번 두고 봐, 일을 처음 시작한 1년간은 속으로 반신반의했던 것 같다. 큰 기대 없이 사소하게, 지역에 견고하게 자리 잡고 있던 보수적인 상식들을 두드려 갔다.

정말 신기한 건 그다음이다. 채식하는 내가 고기류는 빼주십사 말씀드리면 '그럼 맛이 없어서 안 된다'고 하시던 백반집 사장님이 몇 년이 지나자 낯선 여행자에게도 채식을 지향하는지 먼저 묻고, 반말로 손님을 응대하던 이웃 상점 사장님이 선뜻 환대하며 존댓말을 사용하기 시작했다. 길게 본다는 건 이런 것이구나, 크고 거창하지 않지만, 작은 변화의 기포들이 보글보글 생겨나기 시작하는 일.

사소한 지역의 변화가 하나둘 시작되자 조금씩 속도가 붙었다. 동료 유마담이 '지역의 문화는 적립금처럼 차츰차츰 쌓여 처음엔 별거 아닌 듯하지만, 어느 순간 눈덩이처럼 커지는 복리 같은 것'이라고 얘기한 적이 있는데, 과연 그러했다. 우리는 변화의 힘과 탄력을 받아 조금 더 적극적으로 활동을 이어갔다. 도시와 다른 지역의 성인지 감수성과 성폭력 사건에 잘 대응할 수 있도록 '로컬 성평등 가이드북·매거진'을 만들어 전국으로 배포하고, 강화의 이웃들과 함께 '새로운 로컬을 만드는 키워드 11'을 선정해 우리가 만들어가고자 하는 지역의 지향점을 발신했다.

청풍에서의 경험은 내가 나를 정확히 바라보고 사랑해가는 과정이기도 하다. 연고와 자산 없는 이주민, 어린 청(소)년, 여성, 대학 비진학 등 나를 둘러싼 여러 정체성은 청풍과 함께하기 전까지 절대 들키고 싶지 않은 치부에 불과했다. 어린 나이에 사회생활을 덜컥

(로컬) 내가 사는 동네를 아끼고 존중합니다
(주체성) 자신의 삶을 주도적으로 만들어 갑니다
(존중) 우리 모두 서툴다는 것을 인정하고, 도우며 살아갑니다
(다양성) 각자의 개성을 멋지게 바라봅니다
(소통) 소통은 이야기를 듣는 것부터 시작합니다
(재발견) 특별함은 우리들의 평범한 이야기 속에 있습니다
(생태) 생태의 다양성을 인정하고 공존하는 마음으로 살아갑니다
(환경) 개개인의 작은 환경실천을 응원하고 지지합니다
(안심) 편안하게 서로를 만날 수 있도록 배려합니다
(즐거움) 재미있는 일은 함께 해야 즐겁습니다
(연결) 우리는 모두 연결된 이웃입니다

Keyword
새로운
(로컬)을 만드는
키워드 11

▲ 강화 이웃들과 함께 완성한 '새로운 로컬을 만드는
   키워드 11'
▼ 로컬 성평등 가이드북·매거진

시작했기 때문에 무시당하는 것이 특히나 부끄럽고 두려웠기 때문이다.

오히려 내가 가진 소수자로서의 특성들이 서사가 되어, 더욱 폭넓은 기획과 장을 만들어 내고 다양한 친구들을 강화도로 초대해 함께해 나갈 수 있는 확장의 씨앗이라는 걸 이제는 안다. 강화도는 여전히 보수적이고 폐쇄적인 문화가 존재하지만, 이제 그것들이 영영 변하지 않을 거라고 생각되지 않는다. 다채로운 이웃들, 멋진 청풍의 동료들, 그리고 내가 함께 변화를 만들어가고 있다는 사실을 더욱 믿고 있기 때문이다.

올해 연말에는 어떤 선택을 하고 싶어질까?

졸업 이후에 강화를 떠나지 않고 먹고사는 것, 역시나 괜찮을지 혹은 알고 보니 별로일지 아직 아무도 안 해봐서 모르니까. 그걸 누가 경험해 보고 알려주면 좋겠다고 생각했던 고등학생 결. 어쩌다 보니 그 '누구'가 되어서 졸업 이후에 강화를 떠나지 않고 먹고살고 있는 지금의 나. 한때는 어른들이 좋아하지만, 실제 나와는 다른 '지역에 남은 당찬 청년'이 되고 싶었고, 그러다 지쳐 그만두고 싶기도 했다.

잘해내고 싶어서 빳빳해지던 몸과 마음이 이제는 조금씩 유연해진다. 누군가의 기대와 옳은 당위로 살아내는 삶이 아니라, 그냥 '결'다운 삶이 되어가고 있다. 어떤 역할이 되어주길 바라는 대신, 있는 그대로의 나를 존중하고 환대해 준 동료들과 이웃들 덕분이다.

매년 연말이 다가오면 '자, 이제 내년엔 어떻게 살고 싶지?' 스스로 질문을 던진다. 그러곤 마치 멀티버스 세계관처럼 끝내주는 영화 감독이 되는 나, 서울 신축 오피스텔에 사는 나, 쿨하게 해외여행 하는 나를 상상해 보는 것이다. 몇 가지의 선택지를 떠올려보다가도 늘 다시 '자전거 타고 출근하며, 가까운 곳에 산과 강과 바다가 있고, 작은 텃밭과 고양이가 있는, 얼마 못 벌지만 즐거운' 지금으로 돌아오게 된다. 그걸 4년째 반복하며 여지없이 이 삶을 연장하는 선택지를 고르게 되는 것이다. 내가 가진 가능성과 경로는 무궁무진하겠지만 지금은 여기구나. 제일 원하고 잘하고 좋아하는 것들이 지금은 여기에 있다. 이렇게 오래 재미있는 무언가는 처음인 것 같다.

이다음엔 어떤 길이 있을까? 이제 내게 강화도는 몇 년간의 학교생활을 했던 곳이 아니라, 내가 해내고 실패하고 용기 냈던 총체적인 삶의 장소이다. 언젠가 여길 떠나게 되더라도, 이곳에서의 시도와 경험들이 든든한 자양분이 되어줄 것이라는 걸 이제 믿어 의심치 않는다.

식물자원에서 생태농업으로 가는 중?

이지수

10기. 학생회 활동으로 치열하게 보냈던 모교 산마
을고등학교에서 농업교사로 지내고 있다. 농사와
농업의 차이를 고민하며 살다가 생각의 차원을 넘
어 지구와 함께하는 지속가능한 농업을 배우고 실
천하기 위해 모교로 돌아왔다. 자연은 순환되어야
하며, 인간은 순환고리를 이어주는 역할로부터 자
유로워서는 안 된다는 생각을 여전히 하고 있다.

농대에 갔지만, 농사를 짓지 않는 대안학교 졸업생

"왜 농대에 갔어?", "농대에 가게 된 계기 중에 산마을이 있어?", "농대
에 갔으면서 왜 농사를 안 지어?"

강화로 돌아와서 가장 많이 들은 질문이었다. 이 질문들에 대
해 나는 '산마을을 통해 농사에 관심을 가졌고, 더 배워보고 싶어서
농대에 진학했지만, 농부가 되고 싶었던 것은 아니었다. 그래서 대학
을 졸업한 후에 나는 농사를 짓지 않았다'라고 답했다. 하지만 몇몇
대화만으로는 농대에 진학한 산마을(대안학교) 학생이 농사를 짓지 않
는 상황을 이해하기 어려워했다. 이런 상황이 반복되자 이 질문들을
받을 때마다 마음이 편하지 않았다. 동시에 산마을에서 일하는 동

안 언제든지 저 질문들과 다시 마주할 것 같다는 느낌을 받았다. 그리고 다른 사람들뿐만 아니라 스스로 납득할 수 있는 답을 얻고 싶어졌다.

내가 농대에 간 이유

농사에 처음 관심을 가졌던 순간은 언제였을까. 돌이켜 보니 그 시작에 니어링 부부가 있었다. 헬렌 니어링을 알게 된 후로 내 마음속 한구석에는 늘 자급자족이라는 말이 남아 있었고, 농사에 관심을 갖게 되었다.

산마을에 입학하고 나서 농사에 대해 실제로 경험하기 시작했다. 생태농업 시간에 개인 텃밭을 관리하기도 하고, 농사동아리인 영농단 활동도 했다. 산마을에 다니면서 느꼈던 건 내가 먹을 식량을 스스로 생산하는 일이 마냥 보람찬 일은 아니라는 것이었다. 허리를 숙이고 일을 하는 것, 더운 여름에 땀을 흘리는 일 등 모든 것이 힘들었다. 결실의 행복을 느끼는 순간은 너무 짧았고, 육체적 힘듦은 길었다. 농사는 힘들고 어려운 일로 기억되었다. 자급자족하는 삶을 동경했지만, 그것을 내 삶으로 만들 수는 없을 것 같았다.

그렇지만 농사에 대한 관심이 사라지는 것은 아니었다. 산마을에 다니는 동안 농사뿐만 아니라 내가 살고 있는 사회에 대해서도 관심이 많았다. 그런데 사회에 대해 공부하면 할수록 오히려 농사를 놓치고 싶지 않다는 마음만 강해졌었다. 화학비료나 농약을 사용하지 않고, 토양과 상생하는 방법으로 작물을 기르고 식량을 생산하는 것은 모두의 삶에 아주 중요한 일이라는 것을 알게 되었다. 그리고 동시에 이런 의문이 생겼었다. 이렇게 중요한 일을 하는 농부들이 힘들게 일하고 농산물의 제값을 받지 못해 밭을 뒤엎는 일들이 왜 발생할까. 왜 농부의 노동력은 그 강도에 비해 경제적 수익을 내기 어려운 것일까. 궁금해졌다. 나는 이 궁금증의 해답을 농대에서 찾고 싶었다.

농사와 농업의 차이를 경험하며

농대에 진학하고 나서는 참 어려움이 많았다. 농대에 입학하고 나서야, 생명과학을 응용하는 학과에 왔다는 것을 알게 되었다. 화학, 수학, 유전 관련 수업을 알아듣기 위해서 산마을에 다니면서도 본 적이 없었던 EBSI를 듣기 시작했다. 간신히 수업을 따라갈 수 있게 되었을 때는 새로운 고민이 날 기다리고 있었다.

소농, 자연, 상생, 토종 종자의 농사를 배웠던 산마을과 달리 대학에서는 대량생산, 기계화, 화학약품, 품종개량 등에 대해 배웠다. 대학에서 작물을 기르는 일이란 하나의 비즈니스였고, 경제적인 수익을 낼 수 있는 농업에 대해 고민했다. 생명과 환경보다는 소비자가 원하는 품종을 만들고, 더 많이 더 편하게 생산하는 법을 배우며 농사에 참 다양한 종류가 있다는 것을 알게 되었다.

지금 생각해보면 농대에서 얻은 지식은 작물을 생산하는 데 필요한 노동력을 줄이는 것에 초점이 맞춰져 있었다. 플라스틱으로 만든 배지에 화학약품으로 기른 작물들은 허리를 숙이지 않고도 수확할 수 있게 만들었고 기계들을 통해 관리함으로써 사람의 근력을 덜 사용하는 방법을 연구했다. 농사의 고됨을 산마을을 통해 경험했었던 나로서는 좀 더 편한 농업 기술들이 반가우면서도 자연과 공생하지 못하는 모습이 찜찜했다. 그리고 식물자원이라는 이름의 상업에 대해 배우며 산마을에서 시작된 궁금증은 더욱 미궁으로 빠지게 되었다.

그리고 새로 얻은 고민

유기농업과 생협이 건강한 먹거리 생산, 농부와 소비자와의 건강한 관계를 위해 꼭 필요하다고 생각했었다. 하지만 수업과 책을 통해 생협과 유기농에 대한 믿음이 내가 가진 좁은 시야를 가졌다는 것을 알게 되었다.

기억에 남는 교수님의 말이 있다. 농민들의 나이는 점점 많아지는데, 그분들이 농약을 사용하는 관행 농업보다 노동력이 더 많이 들어가는 유기농법을 하는 것이 우리 농민들의 현실과 맞는 농법이냐는 말이었다. 그때쯤 읽었던 권정생 선생님의 '우리들의 하느님'에서도 비슷한 말을 읽었다. '농민과 농사를 살리기 위해 시작했던 한살림 운동이었다. 하지만 가까운 이웃 농민들이 판매하는 농산물은 구매하지 않고, 먼 데서 온 깨끗한 음식만을 먹겠다고 한 것이 정말

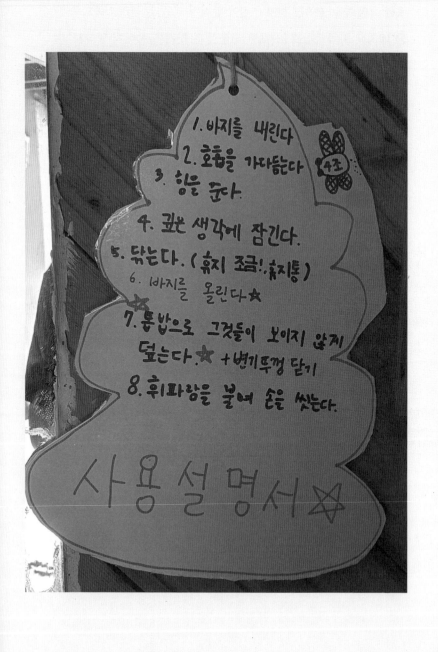

잘한 일인지 고민된다'라는 구절이 있었다.

이 두 가지 말은 나를 부끄럽게 만들었다. 은연중에 유기농업을 하는 농민과 그렇지 않은 농민들을 나누어 생각하고 있음을 깨닫게 해줬기 때문이다. 다시는 이런 부끄러운 일을 만들고 싶지 않다는 마음이 들었다. 동시에 그래도, 자연과 상생하는 기법으로 농사를 짓는 사람이 더 많아졌으면 좋겠다고 생각했다. 그 방법을 지금은 모르지만, 공부한 것들을 행동으로 옮기고 있으면 언젠가는 알게 되지 않을까?

다시 돌아온 산마을

산마을에 생태농업 선생님으로 돌아오게 될 줄은 상상도 못 했다. 대학에서 전공만 농업 관련일 뿐, 실제 농사에 대해서는 하나도 몰랐기 때문이다. 다행히도 전 생태농업 선생님이 산마을에 계셔서 실전을 배워가며 우당탕탕 생태농업 시간을 만들어가기 시작했다. 산마을에 다닐 때는 텃밭 관리하는 것이 귀찮고 힘들었는데, 이제는 학생들이 텃밭 관리를 할 수 있게 도와주는 역할을 하려니 지금도 아이러니하다고 느낄 때가 있다. 그래도 산마을 친구들과 텃밭에서 만나는 시간이 즐겁기도 하고 소중하기도 하다.

산마을에 돌아온 뒤에는 지속가능한 농업에 대해 공부하기 시작했다. 그 시작은 생태뒷간이었다. 우리가 싼 똥을 어떻게 취급하느냐에 따라 농사와 기후는 달라질 수 있다. 똥을 물에 흘려보내면 물

이 오염되지만, 퇴비화 과정을 통해 흙으로 환원시킬 수 있다. 똥이 더럽다고 느끼고 변기 레버를 내린다면 우리가 먹은 음식이 소화되고 다시 자연으로 돌아가는 순환을 놓치게 된다.

학생들이 내가 다닐 때보다 생태뒷간을 사용하지 않는 모습을 보면서 아쉬웠다. 그래서 수업 시간에 우리가 똥을 물에 버렸을 때 사용되는 물의 양과 오수처리 과정을 공유하면서, 사용하고 싶어지는 생태뒷간에 대해 이야기를 나눴다. 그리고 조금은 웃긴 사용 안내판을 만들면서 함께 생태뒷간에 대한 추억을 만들었다. 지금은 3월보다 더 많이 이용하지만 더 많은 똥을 땅으로 순환시키고 싶은 욕심이 생긴다.

만들고 싶은 생태농업시간

이전에는 앉아서 고민만 했다면 이제는 직접 실천으로 옮기면서 궁금증을 해소해야 할 때인 것 같다. 학생들과 산마을의 생태농업 시간에 해보고 싶은 것들이 몇 가지 있다. 하나는 다양한 지속가능한 농법들을 융합해 보는 것이다. 개인 텃밭에 나무를 이용하여 틀 두둑을 만든다면 수업 시간에 자연농법, 순환농법, 퍼머컬처를 합쳐 실행할 수 있다. 경운을 하지 않음으로써 토양 생태계를 활용해 이산화탄소를 땅에 저장하고, 다년생 식물을 포함한 다양한 작물들을 심어 생물 다양성을 보존하고, 잡초를 제거할 때 뿌리는 땅에 남겨두어 지력을 기르는 일, 그리고 똥을 흙으로 되돌려보내는 일들이 산마을의 텃밭에서 공존하게 된다.

그리고 또 다른 하나는 텃밭이 산마을 학생들에게 몸과 마음이 편한 공간이 되길 바라는 것이다. 틀 두둑이 만들어지면 틀에 앉아서 편하게 작물들을 기를 수 있게 된다. 이렇게 되면 현재 생태농업 시간이 힘들어서 피하는 친구들도 전보다는 걱정 없이 텃밭에 놀러 오게 될 것이라 믿는다.

마지막으로 생태농업 교과 시간이 환경교육과 연결되고, 자연과 함께하는 가치가 전달되는 시간으로 남아있길 바란다. 농사와 기후·환경은 떼놓을 수 없는 관계이며, 관행농법의 경운, 화학비료, 농약은 기후 위기를 야기했다. 이제는 이에 대응하고, 기후를 회복시키기 위해서 농법과 생활양식을 바꿔야만 한다. 그래서 생태농업 시간이 텃밭 관리하는 시간에서 조금 더 나아가 환경에 대해 공부하고, 공존에 대해 고민을 해보는 시간으로 변화하길 바라고 있다.

만난다는 것

오민석

13기. 대학에서 철학, 국제관계학을 공부하고 있
다. 〈한일청년평화인권기행〉, 정치경제학회 〈시지
프스〉, 공군 페미니스트 모임 〈공페〉 등 여러 모임
을 만들어서 필요한 공부를 함께 배우고 실천하
고 있다. 사람 만나는 것이 즐겁고, 또 그 속에 어
려움의 해법이 있다고 믿는다.

한일청년평화인권기행을 만들기까지

2015년 2월 7일 산마을고등학교 13회 졸업식이 있었다. 다채로웠던,
한편으로는 다사다난했던 산마을 생활에 마침표를 찍었다. 졸업식
전날, 또 다른 이별이 있었다. 2월 6일은 산마을과 교류하는 일본의
지유노모리 학교(이하 지모리)에서 한 달 동안 머물던 단기 유학이 끝나
는 날이었다. 지모리 생활은 새로운 만남의 연속이었다. 부족한 일
본어로 사전을 찾아보면서 많은 이야기를 나눴다. 왜 일본에 왔는지
부터 위안부 문제까지 다양한 주제가 튀어나왔고 때론 격렬한 토론
으로 이어지기도 했다. 별이 빛나던 밤, 길을 걸으며 서로의 꿈에 대
해서 이야기를 나눴고 전골을 함께 만들어 먹으며 정을 쌓아가고 기

타를 연주하면서 음악으로 하나가 되는 시간도 가졌다

지모리는 위계가 없는 공동체였다. 한국만큼은 아니지만 일본도 상하관계가 엄격한 편이다. 하지만 여기는 상하관계가 거의 존재하지 않았다. 선배와 후배가 서로를 이름으로 불렀고 심지어는 선생님도 이름으로 불렀다. 처음에는 상당히 충격적이었지만 점차 적응해갔다. 그럼에도 끝까지 선생님을 이름으로 부르지는 못했다. 익숙하지 않았던 탓이다. 한국의 상하관계, 나이주의에 의문이 생겼다. 왜 이런 게 필요할까? 상하관계가 없으면 선배나 후배로 가르지 않게 된다. 서로를 가로막는 장벽이 사라지면서 사람과 사람이 동등하게, 맨얼굴로 마주하는 관계가 나타난다. 진짜 인간관계가 시작되는 것이다. 함께 놀고 노래를 부르면서 새로운 방식의 관계 맺기가 가진 힘을 느낄 수 있었다.

대학에 와서는 여러 인종, 계급, 젠더, 성별 등 사람을 구분하거나 때로는 차별하게 되는 사회적 균열에 대해서 관심을 가지게 되었다. 그러면서 그런 구분이 무의미해지는 공간, 사람이 사람을 그 자체로 마주 보며 함께 공부하고 노는 게 가능한 공간이 어떤 곳일지 궁금했다. 어떻게 진짜 인간관계를 만들 수 있을까? 그런 관계가 가능한 공간은 어떤 형태일까? 이런 고민이 모여 '한일청년평화인권기행'의 탄생으로 이어졌다.

한일청년평화인권기행의 또 다른 계기는 2016년 8월에 떠났던 지모리 친구와의 '오키나와 평화 여행'이었다. 오키나와는 원래 일본에 속하지 않는 독자적인 왕국(류큐 왕국)이었지만 일본의 근대화 과정에서 일본의 영토로 편입되었다. 인종적으로나 문화적으로나 달랐던 오키나와는 사실상 일본의 식민지 취급을 받았으며 태평양 전쟁 시기에는 일본에서 유일하게 지상전을 겪고 전후에는 미군의 점령지로 군사기지의 역할을 해야 했다.

다양한 현장을 찾아다니면서 중심부(일본 본토)와 주변부(오키나와)의 차이를 느낄 수 있었다. 오키나와에서 희생당한 사람들의 대부분은 일본 본토인이 아니었다. 일본의 주변부에 있었던 오키나와, 홋카이도, 조선 출신이 다수였다. 오키나와의 히메유리탑에서는 동원된 여성 학도병을 영웅으로 묘사하고 커다란 기념탑과 기념관이 있었지만 일본군에 의해서 사실상 강요된 죽음을 당한 장소(치비치리가마)에는 기념관도 거대한 탑도 없었다. 어떤 폭력은 '기념'되었지만 다른 폭력은 '기념'되지 못했다.

중심부의 주변부에 대한 폭력, '기념'할 것을 규정하는 국가의 모습은 사실 새로운 모습은 아니었다. 국가폭력이나 탈식민주의에 대해 배워서 익숙했던 것도 있지만 애당초 오키나와의 역사는 식민지 조선의 역사와 비슷한 모습이 많았다. 그래서인지 오키나와 사람들과 이야기하면 묘하게 말이 통하고 공감하는 부분도 많았다. 하지만 함께했던 일본 본토 출신인 친구에겐 엄청난 충격이었다. 한국의 역사교육이 '반일적'이라던 친구는 여행을 통해 식민지와 전쟁에 대해 다시 생각하게 되었다. 만남은 변화를 가져왔다. 더 많은 사람들과 함께 변화하는 경험을 만들고 싶었다. 그렇게 기행이 탄생했다.

한일청년평화인권기행은 일본인, 한국인이라는 경계를 뛰어넘어서 만나고 변화하는 공간이다. 이는 상대방(타자)에 대한 인식변화와 스스로에 대한 인식변화를 수반한다. 경계 넘기를 통해 우리는 서로를 한국인 혹은 일본인이라는 고정된 존재(Stereotype)로 보지 않게 된다. 경계를 넘나드는 공동체에서는 더 이상 그 사람의 출신이나 정체성이 중요하지 않게 된다. 국적, 성별, 나이 등으로 사람을 판단하지 않는 공간에서는 그 사람 자체로 관계를 시작하게 된다. 이것만으로는 부족하다. 스스로에 대한 인식의 변화도 필요하다. 기행에서 우리는 인권과 평화를 중심과 주변의 차이, 국가폭력, 식민지에 대해 배웠다. 각자 속한 국가와 자신의 정체성을 분리하면서 스스로를 새롭게 규정하기 시작했다.

우리는 사회에 의해서 규정된 것들로 정체성을 만든다. 28살, 남성, 한국인처럼 나를 나타내는 단어들과 상반되거나 이탈하는 행동은 사회적 처벌을 받고 교정된다. 이런 규정이 나의 모습과 일치한다면 상관이 없지만 대부분은 최소한 하나의 부분에서 일치하지 않는다. 이를테면 학생이지만 공부가 아니라 노래가 하고 싶을 수 있고, 대학 진학을 원하지 않을 수 있다. 다를 수 있는 용기는 쉽지 않다. 하지만 규정된 정체성으로부터 거리두기가 가능하다면, 스스로를 규정할 수 있다면 숨 쉴 공간을 얻을 수 있다. 기행을 통해서 미약하지만 다른 가능성들이 있다는 걸 보여주고 싶었다.

기행은 네 차례 진행되었다. 1기는 2017년 2월 한국에서, 2기는 2018년 2월 일본에서, 3기는 2018년 8월 한국에서, 4기는 2023년 2월에 다시 일본에서 개최했다. 1기 때 한 일본인 친구가 우리 집에서 홈스테이를 했는데 밤새 영어, 일본어로 소통하면서 많은 이야기를 나눴다. 그는 자신의 할아버지가 경험했던 원폭 이야기를 들려줬다. 아직 원자폭탄이라는 개념도 없을 당시에 사람들은 무슨 일이 발생한 것인지조차 제대로 인식할 수 없었다. 섬광이 번쩍하고 한순간에 사방이 지옥도로 변하면서 살아남은 사람들은 열기에 지글지글 끓는 몸을 이끌고 강물에 뛰어들어야 했다. 그 혼란스럽고 충격적인 모습이 생생하게 재현되는 것 같았다. 한일청년평화인권기행이 아니었다면 들을 수 없었을 이야기였다.

2기 때, 가토 나오키 선생님을 만났던 것도 기억에 많이 남는다. 선생님은 관동대지진 당시 조선인 학살에 대한 기록들을 모아둔 『구월, 도쿄의 거리에서』라는 책의 저자이다. 찾아뵙고 싶어서 출판사를 통해서 연락을 해보았고 다행히 시간이 맞아서 뵐 수 있었다. 현장 안내까지 직접 해주신 선생님이 입을 여시면서 그날의 기억들이 튀어나왔다. 우리가 걷는 공간은 어느새 학살의 현장으로 변해 있었다. 조선인 둘이 불에 타서 죽임을 당한 어느 정원은 고요했고 어느새 그 고요함은 침묵으로 바뀌었다.

대지진 당시 조선인이 우물에 독을 탄다거나 불을 지른다는 유언비어가 퍼져나가면서 수많은 조선인이 학살당했다. 어떤 이는 '이럴 때 아니면 일본도에 언제 피를 먹일 수 있겠냐'며 집을 뛰쳐나왔

다. 희생자들은 칼에 맞아서, 불에 타서 죽어갔지만 도와주는 이들은 일부를 제외하곤 없었다. 약 100년이 지났다. 그날의 현장에 참상의 모습은 온데간데없었다. 관동대지진을 기억하는 기념관은 있었지만 학살의 기억은 없었다. 당시를 기억하려는 추도비가 있긴 했지만 작아서 눈에 띄지도 않았으며 그마저도 구체적인 피해와 가해 사실은 없었다. 오키나와에서 느낀 것과 비슷했다. 국가가 기억하려는 것과 기억하지 않으려는 것 사이의 괴리는 너무나 컸다. 그래도 선생님처럼 이를 기억하려는 사람들이 있었기에 당시의 참상이 전해질 수 있었다. 정말 감사한 일이다.

기행에서는 평화와 인권에 대해서 배우고 상상하는 시간도 중요했지만 더불어서 교류하고 노는 것도 중요한 목적이었다. 1기 마지막 밤에는 서로 모여서 기타를 치고 노래를 불렀다. 반주에 즉흥적으로 가사를 붙였으며 랩을 하는 친구도 있었다. 하모니카를 불 줄 아는 친구는 하모니카를 불었다. 도란도란 모여서 이야기를 나누는 시간에 한 명씩 잔을 부딪치며 고마운 마음을 전했다. 아쉬운 마음에 눈물이 맺혔다. 함께한다는 것이 이렇게 행복할 줄 몰랐다.

2기 마지막 밤에는 한 친구와 깊게 이야기를 나눴다. 함께 노는 시간이 끝나고 하나둘 잠자리에 드는 새벽이었다. 친구가 삶의 무거움과 고통을 이야기하는데 이를 제대로 들어주는 사람이 없었다. 잠시 자리를 비워달라고 말하고 그와 대화를 시작했다. 중증 우울증으로 고생하는 친구였고 나도 우울증이 심했던 때가 있었기 때문인지 그의 말 한마디, 한마디가 얼마만큼의 고통을 표현하고 있는지

뼈저리게 느낄 수 있었다.

별 볼 일 없었던, 심지어 삶을 포기하려고도 했었던 과거의 어린 나를 회상하면서 이야기 나눴다. "나는 결국 살았고 그 덕분에 이런 공간도 만들 수가 있었어. 네가 보기에 내가 빛나는 사람이라면 너도 충분히 빛나는 사람이야." "지금 아니라고 생각한다고? 그때 나도 내가 빛나지 않는다고 살 가치가 없다고 생각했어. 하지만 이제 와서 보니 그렇지 않았다고 네가 얘기해줬잖아? 예전의 내가 살 자격이 있다면 너한테도 자격은 충분하다고 말하고 싶어." "스스로를 믿지 못한다면 내가 너를 믿을게. 너를 믿는 나를 믿어줘. 그렇게 시작해도 돼." 무수히 많은 말들이 오갔다. 심리학 공부를 통해서 알게 된 공감기법과 인지치료기법들을 총동원해서 어떻게든 설득하고 싶었다. 그가 얼마나 빛나는 사람인지 알려주고 싶었다.

사실 이 말들은 우울했던 과거의 나에게는 해주지 못했던 것들이었다. 대화가 끝날 무렵, 친구는 꼭 살아서 다음에 다시 나를 만나겠다고, 살기로 약속하겠다고 말했다. 이 순간의 감정은 말로 표현할 수 없다. 지옥에 혼자 버려져 있는 절망감을 가졌던 내가 살아남고, 공부하고, 사람을 만나고 그리고 그렇게 누군가에게 삶을 향한 약속이 되었다. 한일청년평화인권기행을 만들기를 정말 잘했구나 싶었다. 이 짧은 몇 시간은 살면서 가장 빛나는 순간 중 하나였다.

하지만 항상 행복하기만 할 수는 없었다. 기행에서 서로의 신뢰를 깨는 폭력이 있었다. 행복한 꿈에서 깬 것 같은 느낌이었다. 경계를 뛰어넘어 만나서 친구가 되고 변화하는 공간일 거라 믿었던 곳에서 누군가 깊은 상처를 입었다는 사실을 용납되지 않았다. 도대체 무엇을 위해서 이런 공간을 만들었는지 회의감마저 찾아왔다. 대책 위를 만들고 피해 회복을 위해서 노력했지만 이미 이전과 같지는 않았다.

만난다는 것

한일청년평화인권기행은 사랑하는 공동체였으며 짧은 지면에는 모두 담지 못할 수많은 이야기들을 만들어준 또 하나의 가족과도 같은 공간이었다. 가족은 모든 사랑과 행복의 원형으로 묘사되지만 사실은 모든 폭력의 원형이기도 한 것처럼, 기행에서도 두 가지 모습을 볼 수 있었다. 만남은 행복과 함께 아픔도 줄 수 있었다.

기행뿐 아니라 산마을, 지유노모리, 대학, 한일청년평화인권기행 또 다른 여러 공간에서 다양한 사람들을 만나면서 때론 상처받거나 실망했다. 사르트르라는 철학자는 '타자는 지옥'이라고 말했다. 사람은 시선으로 타자를 응시한다. 응시의 끝에 닿는 타자는 나에게 온전히 파악되는 객체가 된다. 진열대의 상품이나 동물원의 동물과 같은 상태가 된다는 것이다. 타자에게 있어서도 마찬가지다. 타자가 나를 응시할 때 나는 그 사람의 객체가 되며 주체성을 박탈당한다. 결국 시선을 통해서 서로의 주체성을 뺏기고 빼앗는 싸움이 지속되고 타자는 영원히 나를 위협하는 존재로 남는다. 그래서 타자는 지옥이다.

하지만 사르트르의 말에 전적으로 동의할 필요는 없다. 타자는 지옥일 수 있지만 동시에, 마치 동전의 양면처럼 천국일 수도 있다. 타자는 나를 온전하게 만들기도 한다. 사람을 만나야 비로소 생기는 가능성들이 있다. 나는 내 등 뒤를 볼 수 없다. 내가 스스로 파악하는 내 모습은 극히 전체 나의 일부분에 불과하다. 타자만이 내가 보지 못하는 내 모습을 볼 수 있게 해준다. 타자의 시선으로 나는 객체가 될 수도 있지만 오히려 다양한 내 모습을 확인하면서 온전한 나 자신으로 만들 수도 있다.

우울증에 걸렸을 때 스스로에게 하지 못했던 말을 친구에게는 할 수 있었던 것처럼, 대화에서 스스로는 한 번도 생각하지 못했던 걸 깨닫게 되는 것처럼, 우리는 혼자서 할 수 없는 것들을 만남을 통해서 만들어낼 수 있다. 한일청년평화인권기행은 그러한 공간이었다. 기획단으로 꾸준히 활동해준 카나메, 명석이, 자문위원인 후지이 선생님 그리고 참가해줬던 모두가 있었기에 기행도 존재할 수 있었다. 함께하는 사람들이 없었다면, 고등학교 시절 산마을에서 그리고 지모리에서의 만남이 없었다면 애초에 존재할 수 없는 공간이었다.

거의 10년에 가까운 대학 생활의 마무리를 하는 시점에 이 글을 쓰고 있다. 치열했던 20대와 다른 삶이 펼쳐질까? 답은 앞으로 어떤 만남이 있는지에 따라 다를 것이다. 이 글을 읽는 당신에게 '만난다는 것'은 무엇일까? 각자의 답이 있겠지만 잠시 책을 덮고 생각하는 시간을 가지는 것도 좋을 것 같다.

늘보의 배낭여행

허예린

15기. WWOOF(World Wide Opportunities on Organic Farms)를 통해 지속가능한 지구를 생각하며 나라 밖 사람들을 폭넓게 만나고 있다. 그 여정 중에 세계협동조합대회 한국추진단, 서울국제환경영화제 등에서 일했고, 나머지 대부분 시간은 한국과 유럽을 오가며 산다. 지금은 매 순간 너무 열심히 사는 나를 피해 유럽의 시골로 도망가 농사를 지으며 살고 있다.

나는야 둥둥 떠다니는 사람

지금 나는 영국 콘월의 작은 마을에서 이 글을 쓰고 있다. 다음 주면 파리에서 친구를 만나고 이탈리아의 작은 항구마을에서 일주일을 보낼 예정이다. 그 이후는? 아직 모르겠다. 나의 여행은 마치 내 인생과 같다. 당장 몇 주 뒤 내가 어디서 무엇을 하고 있을지 알 수 없다. 이런 삶을 산 지 벌써 몇 년이 되었다. 사람들이 나에게 요즘 뭐 하냐고 물어보면 부랑자라고 답한다. 정말 말 그대로 영국을 중심으로 유럽에서 이 나라 저 나라를 둥둥 떠다니는 부랑자의 삶을 살고 있기 때문이다.

나는 산마을 졸업 이후 한국과 해외를 오가는 삶을 살고 있다.

아니, 어쩌면 산마을이 시작이었을지도 모른다. 해외문화에 항상 관심이 많아 여러 국제교류에 참여해왔는데 산마을에서는 유독 그 기회가 더 많았다. 일본 스즈카 에즈원 커뮤니티, 지유노모리, 덴마크 에프터스콜레 교류, 베트남 해외 기행, 대안교육연대와 다녀온 영국 협동조합 및 전환마을 기행도 있었다. 그러다 보니 최소 일 년에 한 번씩 해외를 다녀온 셈이다. 그리고 산마을에 우프(WWOOF)를 하러 온 우퍼들도 많았는데 그들과 많은 시간을 함께 보내며 항상 해외에 대한 갈증을 잠재울 수 있었다.

나중에 깨달은 재밌는 사실은 이미 산마을 때부터 가장 혼란스러운 시기에 여행의 기회가 찾아왔고 여행을 통해 앞으로 나아갈 방향을 찾아왔다는 것이다. 예를 들면 한창 학교 다니기 힘들었던 산마을 2학년을 마칠 때쯤 정말 자퇴를 마음먹고 마지막으로 참여한 덴마크 기행에서 '우리도 정말 행복해질 수 있구나'라 깨닫고 돌아와, 협동조합 '마테' 활동에 더 집중하며 나의 고민을 풀어나갈 수 있었다. 그리고 졸업을 앞두고 한창 불안하던 때, 당시 교장 선생님이셨던 성균 쌤의 권유로 참여한 영국 협동조합 및 전환마을 기행은 앞으로 몇 년간 내가 무엇에 집중하고 싶은지를 그릴 수 있게 해줬다.

산마을에서 한창 협동조합을 함께 공부하고 '마테'를 시작했던 터라 졸업 후에는 경영학부로 진학하여 협동조합 및 사회적경제, 공정무역 관련 활동을 계속 이어갔다. 중간중간 휴학하고 여행을 떠나긴 했지만, 한국에 있을 때는 국제협동조합연맹(ICA) 세계협동조합대회나 학회 진행 등의 일을 했고 학교 국제교류 부서에서 일하며 여러 나라 학생들의 한국어학당 수업과 한국생활 등을 돕는 역할을 했다. 그중 스페인 몬드라곤 대학교 학생들과는 공정무역을 주제로 새로운 비즈니스모델 개발 등의 프로젝트도 진행했다. 의도한 것은 아니었는데, 어쩌다 보니 일을 할 때도 국제교류 관련 일을 하면서 여러 사람을 만나왔다. 가장 최근에는 영화제 초청팀으로 일을 하며 국내외의 감독과 배우를 만나는 등 새로운 경험을 했고, 한국 사회의 치열한 직장인으로도 살아봤다.

커리어가 한결같지는 않아도 나름 나만의 경계 안에서 이것저것 다양한 일을 해왔다. 이렇게 가다 보면 분명 어디선가 자리를 잡고 나의 역할을 충분히 해낼 수 있다고 믿는다. 그런데 나의 능력 자체는 한 번도 의심한 적 없다 해도, 지속적으로 일을 하는 것에 피로함을 느끼기 시작했다. 매일 11시까지 야근을 하면서 일 말고는 다른 일상은 없어지는 그런 삶이 도대체 무슨 의미인가 싶고, 다른 사람들은 어떤 동력으로 일을 하는지, 다들 정말 괜찮은지 궁금했다.

나에게 주어진 일이 물리적으로 엄청난 양이고 이것이 불합리함을 알면서도, 매번 그 일을 다 해내는 나 스스로가 너무 원망스러웠다. 그리고 가장 무서운 것은 내가 행복하지 않음에도, 내가 괜찮지 않음에도 결국 남들이 다 가는 길을 따라 걸어가며 '나'를 잃어가는 것이다. 그래서 중심을 잡기 위해 항상 여행을 떠났다.

늘보의 늘 보람차고 늘보처럼 여유로운 배낭여행

이런 나의 여행에는 제목이 있다. '늘보의 늘 보람차고 늘보처럼 여유로운 배낭여행.' 늘보는 산마을에서부터 쓰던 별명이다. 처음에는 단순히 생긴 게 닮아서 그리 불리다가 거기에 늘 보람차게 살자, 늘보처럼 여유롭게 살자는 의미를 나름대로 담아 지금까지 살고 있다.

늘보는 느린 삶의 속도로 알려져 있다. 하지만 주변인들이 나를 떠올린다면 '바쁨', '일중독', '워커홀릭' 이런 류의 단어들이 주로 등장한다. 그런 면 때문에 "너는 절대 늘보가 아니다."라는 말을 많이 들었다. 그렇게 살려고 한 건 아닌데, 단순히 나의 성격인지 그렇게 되었다. 부정하고 싶지만 일을 할 때, 특히 내가 주도적으로 이끌어갈 때 내 모습이 좋다. 그렇게 지난 몇 년간을, 어쩌면 평생, 나 스스로를 포지셔닝하고 부담을 주며 살아왔는지도 모르겠다. 그것을 깨닫게 된 것이 나의 첫 번째 우프 여행이었다.

의도치 않은 여행자 삶의 첫 시작은 2018년이었다. 대학을 진학한 목적은 있었지만, 내가 원하는 것을 공부하고 일하기 위해 거쳐야 하는 그 기간, 경영학도로서 주류경제학과 경영학을 배우는 것이 당시에는 마냥 즐겁지 않았다. 그러다 문득 그냥 여행을 가고 싶다는 생각이 들었고 짧은 기간이 아닌 길게 몇 달을 가고 싶었다. 놀면서 몇 달을 여행하기에는 너무 많은 돈이 들었고 그때 생각난 게 우프였다. 산마을에서 여러 우퍼들을 만나고 이야기하면서 언젠가 꼭 가고 싶다는 생각이 들었는데 그 순간이 된 것이다. 여행을 결심하

고 15기와 좋은 친구였던 우퍼 바네사에게 연락했다. 바네사는 나에게 우프를 적극 권한 사람 중 한 명이었다. 근데 막상 간다고 하니 왜인지 모르게 엄청 웃었다. 그래도 우프 경험자로서 이런저런 조언도 해주었다. 가족들은 걱정하긴 했지만 그래도 나를 꽤 순순히 보내주었다.

여행을 떠나기 전 산마을에 들렀다. 그때 충환 쌤을 만났는데, 그의 첫마디는 "네가 우프를 간다고?"였다. 그리고 이어진 말들은 누구보다 나를 잘 아는 사람이기에 할 수 있는 것이었다. 산마을 때 무릎에 문제가 생긴 후 체육에는 거의 참여도 못 했던 나이기에, 체력적으로 굉장히 힘들 수 있다고 이야기하셨다. 춥고 덥다고 아침 텃밭 조회를 도망가고 체력도 부족한 내가 우프를 간다니, 당연히 다들 걱정과 의아할 수밖에! 그런 내가 지금은 감히 스스로를 우프 전문가라고 타이틀을 얹어본다.

우프(World Wide Opportunities on Organic Farms)는 유기농가나 친환경적인 삶을 추구하는 곳에서 일하고 숙식을 제공받는 노동 교환의 일환이다. 비슷한 플랫폼으로 Workaway, Helpx, Worldpackers 등이 있다. 우프는 전 세계 150개국에 호스트들이 있고 산마을도 우프 코리아의 호스트이다. 우프를 하며 50명이 넘는 사람들이 살고 있는 공동체에서도 살아보고, 영국국제개발대학에서 학생들을 만나며 한국어 프로모션도 하고 텃밭을 돌보는 일도 했다. 한번은 런던 근처 (이제 와 생각해보면 굉장히 수상하고 이상했던) 어떤 아저씨 집에서 아무것도 안 하며 2주를 지낸 적도 있다. 우프는 아니지만 워크어웨이를 할 땐 독일에서 말과 라마, 강아지를 돌보며 살았고, 프랑스에서는 처음으로 베이비시팅도 해봤다.

모든 공간이 좋았다고 말할 수 없지만 분명 얻은 것은 있었다. 그리고 내가 가장 애정하는 공간도 생겼다. 영국의 땅끝마을이라고 불리는 서쪽 가장 끝, 콘월 지방에 있는 보사번 커뮤니티 농장이다. 지금까지 보사번은 4번 다녀왔다. 보사번에서 나는 농부가 되는 법을 배웠다. 해가 뜨고 지는 시간에 따라 움직이는 우리들은 300마리의 닭을 돌보고 계란을 닦는다. 매일 신선한 계란을 찾아오시는 손님들께 아직 따뜻한 계란을 건네주는 것만큼 보람찬 일이 없다. 또한 미로같이 넓디넓은 농장에서 마치 퀘스트를 깨듯이 주어진 일을 매일 수행한다. 농장에서 나온 신선한 채소들로 세계 각국의 요리를 하고, 함께 지내는 사람들의 취향에 따라 요가를 하기도, 게임을 하기도, 펍에 가기도 한다. 그렇게 몇 달을, 몇 번을 지내다 보니 이제는 동네 여기저기에서 인사하는 사람들이 생겼다.

늘보가 되어가는 과정

버릇은 쉽게 못 버린다고, 나는 우프를 하면서도 나에게 주어진 일을 열심히 했다. 물론 열심히 하는 게 맞지만, 여유를 지켜가며 일하는 유럽 사람들 눈에 나는 정말 이상한 사람이었다. 한번은 국제개발학 프로모션팀에서 일할 때, 나의 일은 먼저 끝났지만 다른 친구들이 아직 일하고 있어서 그냥 기다릴 겸 일을 하고 있었더니 한

스페인 친구가 나를 찾아왔다. "예린, 그렇게 열심히 안 해도 되는 거 알지? 그냥 쉬엄쉬엄해." 당시만 해도 크게 이 말을 신경 쓰지 않고 친구를 안심시키고 말았는데. 이후에 더 많은 친구들을 만나고 일에 대한 관념을 접하면서 정말 내가 이상해 보였겠구나 싶었다.

농장에서 일하던 어느 날은 목표량을 채우지 못했다. 꽤 느긋한 다른 친구들과 다르게 나는 뭔가 큰일이라도 난 것마냥 호스트를 찾아갔다. 크게 상심할 거라고 생각한 내 예상과는 다르게 그는 "내일 해야지 뭐"라는 단순한 반응이었다. 이런 순간에서 나의 반응과 다른 사람들의 반응을 마주하며 여유라는 것을 배웠다. 뭐든 빨리빨리 해야 한다는 강박을 버리는 것이 나로서 쉽지는 않았지만 매 순간 점점 나아지는 것을 느꼈다. 그리고 곧 여유와 그를 느낄 수 있는 용기를 얻게 되었다.

한번은 나와 한 달 넘게 같이 있던 친구가 "처음 왔을 때 너는 항상 너무 열심히 하고 집중한 상태였는데, 시간이 조금 지나고 지금은 좋은 의미로 게을러진 것 같아"라는 말을 했다. 이전의 나였다면 굉장한 타격을 받았을 텐데, 게으르다는 말이 처음으로 칭찬으로 들렸다. 드디어 내가 늘보가 되어가는 걸까? 첫 여행을 마치고 한국을 돌아가는 것이 두려웠던 가장 큰 이유는 이 여유를 잃을까 싶어서였다. 물론 여행할 때만큼의 여유는 지킬 수 없었지만 어느 순간 사소한 것 하나하나 반응하지 않고 흘려보내는 나 자신을 발견할 수 있었다. 정말 작은 변화이기에 다른 사람들도 그렇게 인식할지는 모르겠지만, 적어도 나는 느낄 수 있었고 그것으로 충분했다.

자연 그리고 사람과 함께 살아가는 것

도시에서 자라온 나는 산마을에서 자연과 가까이 사는 것이 익숙하지 않았다. 여기저기 흙바람과 벌레 그리고 날씨와의 전쟁. 하지만 점점 시간이 갈수록, 특히 공동체를 공부할수록 자연과 가까이 사는 삶에 관심을 가지게 되었다. 그래서 게을렀던 텃밭 조회나 농사 수업에도 점점 열심히 참여했다. 그럼에도 우프를 떠날 때 내가 정말 농사일을 잘 버틸 수 있을지 자신이 없었다. 물론 가서도 정말 힘든 날도 있었지만 그래도 힘든 만큼 씨앗을 뿌리고 거두는 것의 기쁨을 더욱 가까이서 지켜볼 수 있었다. 우프를 하면서 닭, 소, 강아지, 토끼, 말, 라마 등 정말 많은 동물을 만났고 그들과 연결되는 방법을 배워 나갔다. 그리고 우리가 발을 딛고 살아가는 이 땅의 중요성과 소중함도 매일매일 느끼며 살아간다.

자연과 함께 사는 그것만큼 어려운 것은 사람이 함께 사는 것이다. 산마을 시절만 떠올려도 우리는 매일 기숙사에서, 교실에서, 학교에서 여러 갈등을 마주했고 때로는 괴롭기도 했다. 거기에 다른 언어, 다른 문화의 사람들이 더해지더니, 쪽박 아니면 대박이다. 나는 대박도 쪽박도 경험해봤다. 이 말을 하는 이유는 결국 여기든 거기든 사람 사는 건 다 똑같다는 말이다. 그렇지만 우리는 여행자의 마음으로 서로의 문화를 이해하고 존중하며 배우기 위해 노력한다. 친구들과 지내며 '한국적인' 행동이나 말투를 역으로 깨닫기도 했다. 그리고 같이 사는 친구가 그런 나의 행동을 자연스럽게 따라 하게

되는 것만큼 함께 사는 것이 재밌는 순간도 없다.

배낭의 무게는 인생의 무게보다 가벼웠다.

이런 여행을 시작한 지 5년 차, 20대 중반을 넘어가는 지금, 이만 질릴 때도 되지 않았냐고 물어보는 질문에, 나는 아직도 내가 가보지 못한 도시와 나라가, 내가 경험해 보지 못한 문화들이, 내가 만나지 못한 사람들이 너무 많은데 어떻게 질릴 수 있겠냐고 답한다. 배낭 메고 여기저기 다니는 게 힘들지 않냐는 질문에는, 내가 지고 다니는 배낭의 무게가 어깨를 누르고 걷기 힘들지만, 한국에서 일하며 받는 부담감과 치열하게 하루하루 버텨야 하는 무게에 비해서는 가벼운 것 같다고 답한다. 아직 여행이 좋아서이기도 하지만, 한국 사회에서 나를 지켜가며 버티는 것이 더 어렵고, 그렇게는 하고 싶지 않아 선택한 도피임도 부정하지 않는다.

솔직히 앞으로 이렇다 할 계획은 없다. 태어나 처음으로 다음이라는 것을 알지 못한 상태에 놓인 게 불안하기도 하다. 이렇게 일하고 여행하며 살고 싶으면서도 언제까지 이렇게 살 수 있을지, 모아둔 돈 하나 없는 미래를 어떻게 감당할지 잘 모르겠다. 이런 고민은 산마을 졸업 직전에도 했던 것 같다. 어쩌면 이 고민은 내가 일을 하든 안 하든 어디서 무엇을 하든 평생 따라올 걱정인 것 같기도 하다. 그래서 지금의 나를 부적응자로, 이 시기를 방황이라고 생각하지 않는다. 정해지지 않은 길을 걸어가는 것이 시간과 노력이 더 드는 일이

긴 하지만, 언제나 나는 길을 찾아갔기 때문이다. 그리고 그 길을 찾아갈 수 있는 능력을 가진 것이 나의 굉장한 힘이라고 생각한다.

문화비평과 창작활동

"대중문화를 통해 공동체의 문화를 계승하고 현대에 맞게 재창조하는 주체로
서의 역할을 이해하고 깊게 사고할 수 있도록 한다. 문화는 우리 사회의 공동
체성을 강화하고 더불어 살아가는 데 좋은 매개체 역할을 한다. 창의적이고 다
양한 생각을 해보고 손으로 익히는 과정을 통해 감성적인 인지 능력을 키운다."

산마을 운동장을 신명 나게 감싸는 풍물 소리, 발효의 힘을 품은 맛있는 빵과
음식 냄새, 드르륵 재봉틀 돌아가는 소리, 산마을 곳곳에 다양한 소리들이 퍼지
는 '창작활동' 시간이다. 선후배 구분 없이 서로의 선택에 의지해서 식, 의, 주의 기
본을 배우고 또 삶을 따뜻하게 하는 예술을 만난다. 다양한 자연의 색을 만나고,
목소리부터 다양한 악기 소리가 어우러져 오는 하모니의 풍요로움을 만난다. 대
중문화가 우리 주변 가까이에 있다. 누구나 접할 수 있고, 또 좋아하는 대중문화
의 힘은 우리 일상에 큰 영향력을 미친다. 우리 삶 주변에 놓여있는 대중문화의
'겉'과 '속'을 살피는 '문화비평'은 건강한 대중문화의 창작과 소비를 위한 중요한
과정이다. 햇빛 좋은 곳에 둘러앉아 토론하는 대중문화는 산마을 공동체가 만들
어내는 문화의 거울이 되기도 한다.

쓰는 마음

신은솔

11기. 책을 읽고 쓰는 것이 좋아 문예창작학과 졸업 후 창작의 꿈을 버리지 못하고 있다. 낮에는 회사원이지만 퇴근 후에는 여전히 글쓰기에 전념하는 이중생활을 하고 있다. 나의 펜은 원고지 위에서 여전히 멈추지 않고 춤춘다. 삶을 인생이라는 장편 소설로 여기고, 내가 경험하는 다양한 도전을, 절정으로 향해 가는 글의 전개로 삼고 지금을 소중히 여긴다.

기억은 아주 오래전으로 거슬러 올라간다. 자기 전, 엄마는 우리 남매에게 그림책 한 권씩을 가져오게 해서 소리 내어 읽어주었다. 동생은 딴청을 피우거나 졸기 일쑤였지만 나는 한 달 내내 같은 책을 읽어도 즐거웠다. 어떤 날은 책 속의 주인공이 된 것 같은 기분이 들곤했다. 내가 주인공이라면 난관을 어떻게 헤쳐나갈까, 주인공과 같은 선택을 할까? 오래도록 상상하다 보면 어느새 내 머릿속에선 새로운 이야기가 펼쳐졌다.

창작의 세계로

초등학생 때 A4용지로 작은 책을 만드는 것을 배웠다. 나는 미취학

아동일 때 머릿속에서 수없이 만들어냈던 이야기들을 적기 시작했다. 나만의 책이 몇 권 만들어졌고, 엄마는 언제나 나의 첫 번째 독자였다. 엄마는 서툰 스토리라인과 그보다 더 허접한 그림을 보고서도 재밌다고 이야기해주었고, 다음 책도 기대하겠다고 말했다. 색색의 A4용지도 사주었다. 그때 당시엔 우리 집 경제 사정이 썩 좋진 않았는데 그래도 엄마는 나를 위해 새롭고 예쁜 종이를 제공해 주었다.

초등학교 고학년이 되었을 적엔 늦은 오후마다 베란다에 매달려 노을이 지는 걸 바라봤다. "은솔아, 얼른 와봐." 엄마가 부르는 소리에 달려가면 창 너머로 형용할 수 없는 색의 노을을 볼 수 있었다. 어느 날, 엄마는 내게 수첩을 내밀었다. 그곳에 노을을 보고 느낀 것을 적어보자고. 처음엔 쉬이 적지 못했지만 조금씩 무언가를 써내려가기 시작했다. 시가 되기 직전의 메모 같은 것들이었다. 그 후로 나는 수첩을 들고 다니며 내 감정을 적기 시작했다.

이런 환경에서 자라서인지 나는 쓰는 행위에 거리낌이 없었고, 오히려 즐거웠다. 어떤 목표가 있었던 것은 아니었지만 초, 중, 고 내내 백일장에 나가거나 문학 동아리 활동에 참여했다. 하지만 나는 언제나 한발 물러나 있었다. 내가 어떻게 작가가 될 수 있겠어, 하는 마음이었다. 하지만 문학을 공부하고 싶은 마음만큼은 확실해서 국어국문학과 세 군데와 문예창작학과 두 군데를 지원했다. 국어학에도 관심이 있었던 터라 국어국문학과에서 합격 소식이 들려오길 고대했다. 하지만 내가 합격한 곳이라곤 문예창작학과 한 군데뿐이었다.

동기들에 비해 내 글은 형편없었다. 어렸을 때 작은 책을 만드는 것처럼 마음대로 글을 쓰면 창피만 당할 뿐이었다. 그러자 점점 소설을 쓰는 일이 겁이 났고, 이내 흥미를 잃었다. 철학과 수업을 들으며 문예창작학과에서 반쯤 벗어났고, 대학생 기자단 활동을 하면서 학교에도 마음을 두지 않았다. 그러다가 3학년 때 '소설 창작' 수업을 듣게 되었다. 전공 필수 과목이라 피할 수가 없었다. 나는 또다시 두려워졌다. 내 소설은 너무나도 형편이 없었으니까.

소설 쓰기의 매력

나는 소설 창작 수업을 들으며 어린 시절 노을을 보고 감명을 받아 시 같은 것을 적어 내려가던 때처럼 황홀감에 빠져 소설을 읽고 썼다. 수업을 담당하던 J 선생님은 우리가 읽고 쓰는 기쁨을 알게 되었으면 좋겠다고 했다. 잘 쓰는 것보다 소설을 사랑하는 마음이 더 중요하다는 말도 잊지 않았다. 수업을 함께 듣던 사람들은 모두 소설의 매력에 빠졌다. 3시간 가까이 되는 수업을 집중해서 듣다 보면 열이 훅 올라와 양 볼이 발그레해졌다. 어떤 날은 심장이 빨리 뛰는 게 느껴지기도 했다. 어떤 것을 순수하게 좋아하는 마음은 정말이지 오랜만이었다.

두 학기 내내 소설 창작 수업을 들으며 나는 읽고 쓰는 행위를 오래오래 하고 싶다는 열망을 갖게 됐다. 방학이면 선생님이 추천해 주셨던 책을 찾아 읽었고, 학우들과 만나서 소설의 좋은 부분을 나누었다. 난생처음 분량도, 형식도 그럴듯한 소설을 써보기도 했다.

그리고 그것이 좋은 평가를 받게 되자 뿌듯함을 느꼈다.

졸업 학기에 나는 다짐했다. 소설가가 되기로. 읽고 쓰는 일을 평생 하면서 살겠다고. 그것보다 즐겁고 행복한 일을 없을 것 같았다. 하지만 막상 '등단'이라는 문 앞에 서자 그동안 내가 썼던 글들에 대한 평가가 달라졌다. 학부 수업 제출용으로선 나름 괜찮지만 등단할 만큼의 가치를 가지지는 못했다는 것이 주로 들었던 평가였다. 게다가 직장생활을 하면서 소설을 쓰려니 마음만 급급하고, 정작 나아지는 것은 없었다. 오히려 학부 때 썼던 소설이 좋았던 거 같아, 라는 이야기를 들었을 때는 완전히 좌절했다.

그렇게 방황을 하며 3년에 가까운 시간을 그냥 흘려보냈다. 소설을 쓰지 않았을 뿐이지 나는 주말이면 서점에 들렀고, 쉬는 날엔 책을 읽었다. 써야 한다고 생각하면 마음 한구석이 꽉 막힌 듯한 기분이 들었다. 그래서 그냥 읽기만 했다. 예전에 읽었던 좋은 텍스트도 읽고, 회자되는 책이나 내가 좋아하는 작가의 책을 읽었다.

다시, 쓰는 즐거움

코로나가 한창 기승을 부리다가 잠잠해졌을 때, S언니에게 연락이 왔다. 소설을 쓰는 모임이 있는데 같이할 생각이 있냐고. 나는 고민하다가 참여하고 싶다고 말했다. 그리고 예전에 썼던 소설을 고쳐서 합평을 했다. 코로나 때문에 화상 채팅으로 합평을 진행했지만 다들 꼼꼼하고 정성스럽게 내 글에 대해 이야기해주었다. 노트북을 덮고 나서 울었다. 그래, 이렇게 쓰고 읽고 이야기하는 행위를 내가 얼마나 그리워했던가. 또, 얼마나 좋아했었던가. 처음 소설 창작 수업을 들었을 때처럼 다시 마음이 두근거렸다.

작년에는 처음으로 신춘문예에 투고했다. 기대도 하지 않았지만, 당연히 최종심에도 가지 못했다. 올해 3월에 문예 잡지에도 투고해 보았으나 보기 좋게 낙방했다. 아주 어렵고 지난한 일일 거라고 각오는 했지만 금세 마음이 약해지기도 했다. 어떤 때는 수능 문제처럼 기출문제가 있고, 그것을 열심히 풀어서 익히면 수월해지는 일이면 얼마나 좋을까 생각한 적도 있었다. 하지만 단순 등단의 문턱을 넘는다고 해결되는 것은 아무것도 없다. 어떤 주제의식을 가지고, 어떤 시선으로 글을 쓸 것인지가 더욱 중요한 일이었고, 그것을 꾸준히 할 수 있는 지구력은 더욱 중요한 것이었다.

친한 친구는 내게 네가 계속해서 쓰고 있고, 그것을 좋아한다면 꼭 등단하지 않아도 괜찮지 않을까, 하고 말한 적이 있다. 처음에는 그 말을 내 글이 어떤 문턱을 넘을 만큼 좋지 않으니 취미로 쓰는 정도가 괜찮지 않겠냐는 뜻으로 곡해해버렸다. 하지만 곰곰이 생각해보니 누가 인정하든, 하지 않든 쓰는 행위 자체를 순수하게 즐기고 지속하는 것이 작가의 덕목이 아닐까 싶었다. 외부의 평가도 중요하지만, 그보다 우선해야 하는 것은 나의 마음가짐일 것이다.

그렇게 생각하고 나니 조금씩 마음이 편해졌다. 지금 당장 읽고 쓰는 일에 더 집중하자고 다짐하게 됐다.

흔들리지 않고, 꾸준히

돌이켜보면 나는 어렸을 적부터 결과는 불투명하지만 과정은 유의미한 환경에 있었다. 대안학교에서 중·고등학교를 보내자 어른들은 나를 걱정했다. 심지어 엄마 친구의 집들이를 갔을 때 만났던 어른들은 "우리는 은솔이 네가 어떻게 자라는지 정말 궁금했어."라고 말했다. '어떻게'에 숨은 뜻은 대학은 갈 수나 있나, 남들처럼 직장을 다니며 돈을 벌며 자기 삶을 영위할 수는 있을까, 하는 의문이었다. 그 어른들에겐 내가 서울에 있는 4년제 대학에 진학했기 때문에 대안학교 진학의 '성공 사례'가 되었다.

하지만 나는 대학 진학이 아닌 다른 방향을 생각해보지 않은 것에 대해 종종 후회할 때가 있었다. 특히 나는 소설을 쓰며 돈을 벌기 위한 수단으로서 직장을 택하다 보니 내가 중요하다고 생각했던 가치와 멀어지는 상황에 왕왕 처했다. 누군가를 혐오하거나 환경을 함부로 훼손하거나 다양성을 존중하지 않는 그런 상황들 말이다. 그러면 대안학교에서 배웠던 자연, 평화, 상생의 가치를 떠올리며 절망하곤 했다.

솔직히 말하면 나는 '일반의' 삶과 대안적인 삶 사이에서 수없이 방황했다. 내가 지켜야 한다고 믿었던 가치들이 직장 내에서는 이상하거나 쓸데없는 것으로 치부되어버렸다. 처음 그런 상황에 놓였을 때는 눈물이 왈칵 쏟아지고 어떻게 살아가야 하나 싶었다. 그러나 그 모든 상황을 소설에 잘 녹여보자고 생각하자 또 나름대로 즐거위졌다. 내가 느끼는 '문제적 상황'들을 소설에 잘 짜깁기해서 보여주자. 그리고 여기에 공감할 수 있는 독자까지 생긴다면 더욱 좋겠다고 생각했다.

실제로 직업계 고등학교의 실습생과 함께 일을 해보며 실습수업의 구조적인 문제를 느낀 적이 있었다. 학생의 능력 향상이나 현장 경험의 축적인 원래 목적보다는 학교 측은 실습수업을 진행했다는 명분을 갖고, 기업 측은 실습생을 통해 인건비를 줄이거나 국가의 지원금을 받는 일이 더 중요해 보였다. 그 안에서 실습생은 눈치만 보거나 제대로 된 실습은 해보지도 못했다. 그 회사에서 퇴사하고서 「실습생」이라는 소설을 썼다. 실습생을 교육하는 이야기를 통해 구조적인 문제와 그 안에서 일어나는 고민과 갈등을 이야기하고 싶었다.

지금도 나는 아주 보수적이고 대부분 일방적인 소통이 이뤄지는 클라이언트를 만나야 하는 회사에 근무하고 있다. 출근한 지 2주가 되었을 때, 작은 수첩을 책상 구석에 숨겨두었다. 지금 당장은 아니더라도 언젠가 내가 보고 겪은 것들이 소설의 작은 씨앗이 되기를, 그래서 공감을 얻을 수 있는 이야기로 발화하기를 바라며 회사 생활을 메모하고 있다.

소설 쓰는 일이 힘들다고 여겨지는 건 소설 자체가 수익을 내지 못하기 때문일 것이다. (베스트셀러를 제외하고) 하지만 소설가들은 그들이 소설을 쓰는 일이 수익을 내든 내지 않든 전혀 상관하지 않을 것이다. 그것은 정체성과 관련된 문제라고 생각한다. 나는 어쨌든 직장생활을 하고 있기 때문에 경제적인 문제는 해결이 됐지만 소설을 쓸 시간을 확보하는 것이 문제고, 그런 다음은 등단이라는 문턱을 넘는 것이다. 그래도 최근에 독립출판이나 소설을 발표할 플랫폼이 늘어나고 있어 등단이 아니더라도 내 창작물을 발표할 기회의 폭이 넓어지고 있다. 나는 좀 더 바지런해져야 하고, 다양한 창작물 발표 방식을 모색해야 한다.

나는 내 창작의 방식을 어떤 방향으로 가져가야 하는지 고민하는 중이다. 쓰는 일이 즐겁다면 그것을 지속할 수 있는 방법을 찾아보자는 것이 현재의 마음가짐이다. 어찌 되었든 나는 계속해서 읽고, 쓰는 삶을 살고 싶다.

물살을 가르는 마음으로

전소연(예소연)

9기. 전업 작가를 꿈꾸며 지금은 출판사에서 일
하고 있다. 2021 현대문학 신인추천에 소설 「도블」
을 발표하며 작품 활동을 시작했다. 장편소설 『고
양이와 사막의 자매들』(허블)이 있다.

아주 오래전부터 내 꿈은 소설가였다. 어린 시절 각종 판타지 및 로
맨스 소설에 빠져 있었는데, 그때 나는 꽤 음침한 아이였다. 친구들
은 내 음침함을 싫어했고 나는 늘 혼자였다. 그래서 줄곧 공상하는
날들이 많았고 그럴수록 이야기에 빠져들었다. '이야기'라는 것은 홀
로 있는 인간이 할 수 있는 가장 능동적인 행위라고 생각한다. 덕분
에 나는 친구 없이도 자랄 수 있었고 오랜 시간 혼자였지만, 그럭저
럭 외로움을 버틸 수 있는 사람이 되었다.

희망 따위는 없던 청소년기에 대안학교에 갈 것을 제안한 사람
은 아빠였다. 아빠는 내게 세상에는 다양한 삶의 방식이 있고 그 삶
의 방식은 우리가 선택하기 나름이라고 말했다. 나는 그 말을 믿지
않았다. 왜냐하면 내게 주어진 삶은 아주 가혹하고 좁고 어두운 단

하나의 길뿐이라고 생각했기 때문이었다. 다양한 삶의 방식을 선택할 수 있다면, 우리 가족은 왜 이렇게 불행하고 가난하단 말인가? 하지만 구태여 아빠의 제안을 거절하지는 않았다. 희망 따위 없는 청소년에게는 대개 거절할 의지 또한 없었으니까.

그렇게 나는 대안학교에 입학했다. 그곳에는 다양한 아이들이 있었고 그 아이들은 서로에게 지나치게 의존하거나 지독하게 굴거나, 그러면서 성장했다. 나는 청소년기 아이들의 성장이라는 게 식물처럼 쑥쑥 자라거나 성숙해질 뿐이 아니라는 걸 안다. 왜냐하면 나는 대안학교에서 내가 얼마나 미온한 존재이고 세계와 불화하는 존재이며 마음껏 분노할 수 있는 존재인지를 깨달았기 때문이다. 그러니까, 나에게 있어 성장은 나의 불가해함을 인정하고 종잡을 수 없는 우울감을 받아들이는 일이었다.

그렇게 동급생과 관계 맺고 나를 이해하고 받아들이는 일을 거듭하면서 나름대로 공부를 열심히 하는 학생이 되었다. 그리고 희망에 대해서 조금 알게 되었다. 내가 무언가 될 수 있다는 희망, 삶의 방향이 아주 살짝이나마, 내가 원하는 대로 틀어질 수 있다는 희망을 느낄 수 있었던 것이다. 그곳에서 말하는 공부란 보통의 학교가 말하는 공부와 달랐다. 나는 그곳에서 공부하며 함께 요가도 했고 축구도 했다. 책을 읽고 그에 대해 이야기하기도 했다. 그런 것도 다 공부라고 했다. 나는 비로소 나를 발전시키는 일들이 바로 공부라고 알게 되었다.

언젠가 『리영희 프리즘』을 함께 읽었다. 나는 그 책을 나름대로 이해하고자 노력하며 열심히 읽었는데, 읽으면서 큰 충격을 받았다. '무지의 장벽'이 세계를 얼마나 어둡게 만들었는지 알게 되었기 때문이다. 진실은 얼마든지 감출 수 있고 거짓을 말하는 이들은 오히려 지나치게 뻔뻔했다. 나는 대중 앞에 세워진 그 견고한 무지의 장벽을 부수고자 했던 리영희 선생을 존경하게 되었다.

그때부터 삶의 태도가 중요하다는 걸 알게 되었다. '나'라는 단독자를 넘어 '타자'를 인지하고자 하는 그 태도가, 저밖에 모르던 나에게 감명 깊게 다가왔다. 또 알아야만, 배워야만, 그래야 쓸 수 있다는 것을 알게 되었다.

나는 읽고 쓰는 행위를 통해서 오롯이 강한 자극을 느끼곤 한다. 어린 시절부터 그랬고, 그래서 나는 당연히 소설가가 될 거로 생각했다. 되어야만 하는 게 아니라, 될 거라고. 그런 확신이 들 수 있었던 건 내가 항상 쓰는 사람이었기 때문이다. 문예창작과에 진학하기 위해 공부했고 글을 쓰기 위해 책을 읽었고 책을 읽기 위해 공부했다. 돈을 많이 버는 직업을 선택했으면 좋았을 텐데, 지금도 그때도 나는 내가 약간 의아하다. 돈에 대한 열망이 없지 않음에도 불구하고, 쓰는 직업을 선택했기 때문이다.

그렇게 대학에 진학했고 열심히 돈을 벌며 글을 썼다. 대학원에 가서도 열심히 돈을 벌며 글을 썼다. 나는 소설가가 되어야 하는데, 번번이 공모전에서 떨어졌고 그것이 내 마음을 좀먹었다. 그때의 내게 아직도 아쉬운 것은, 쓰는 힘은 있었지만, 삶을 버텨낼 힘이 없었다는 것이다. 너무 한 가지 꿈만 생각했고 그것이 유일한 희망인

것처럼 굴었다. 그래서 내내 마음이 울적했고 그 울적함은 내 어린
시절의 우울감과 함께 맞물려 나를 괴롭혔다.

괴물과 싸우는 사람은 그 싸움 속에서 스스로 괴물이 되지
않도록 조심해야 한다. 당신이 그 심연을 오랫동안 들여다본
다면, 심연 또한 당신을 들여다보게 될 것이다.

나는 니체의 『선악의 저편』에 나온 이 문장을 정말 좋아한다.
내 가슴속에는 미궁이 있고 이 미궁에서는 주로 음침하고 가끔은
산뜻한 이야기들이 간헐적으로 흘러나온다. 그것은 나를 어떤 형태
로 좀먹는 동시에 나를 의미심장한 기쁨의 저편으로 인도하기도 한
다. 나는 내 우울증이 완치되지 않는다는 것을 받아들이기로 했다.
그래서 그것을 들여다보기로 했다. 그것을 들여다보면, 미궁 속 내
가 슬며시 고개를 내밀 때가 있기 때문이다.
　아주 잠깐 수영을 배웠던 적이 있다. 비록 강사가 젊은 여자들
한테만 치근덕거려서 영 별로인 기억이지만. 어쨌든 나는 그때 물을
가르는 법을 배웠다. 손등을 붙이고 팔을 쭉 펴고 무거운 물살을 갈
랐다. 그때 당시 나는 그 물의 무게를 느끼는 것을 몹시 좋아했다.
그 묵직한 듯 실체를 알 수 없는 그 분자 덩어리들을 가르는 모양이
꼭 내 삶이 나아가는 방식 같았다. 아주 찬찬히, 삶에 있어서 힘을
빼고 더해야 하는 지점들을 알아가고 있고 그것이 무척 서툴렀던 때
대안학교에 가게 된 것을 커다란 행운이라고 생각한다.

이제는 수영을 배우는 마음으로, 물살을 가르는 마음으로 세계를 건너볼 것이다. 그리고 지난날의 나를 돌아보면서 미워하지 않는 법을 배울 것이다. 그 시절 삶의 태도에 관해 생각했던 것은 지금 비로소 내 마음의 일부가 되었고 물살을 가를 힘이 되었다. 그런 생각에 미치자, 문득 물살이라는 단어의 뜻이 궁금해졌다. 물이 흘러 내뻗는 힘. 나는 유연하게 흘러 뻗어나갈 수 있는 사람이 되어갈 것이다.

필름이 바랠수록 세상은 선명해진다

여지후

15기. 코리빙서비스 스타트업에서 공간 운영 매니
저로 일하고 있다. 일어일본학과 디지털콘텐츠를
전공했고, 사진 찍고 글을 쓰는 것을 좋아한다. 삶
의 궤적을 담은 사진을 통해 세상과 마주하고 싶
다. 한 컷의 사진 속에 세상 모두를 담을 수는 없
겠지만, 그를 통해 궤적을 살필 수 있는 사진을 한
장 건지길 소망한다.

내 방에는 커다란 수납장이 두 개 있다. 그 안에는 열 대의 카메라가
놓여있다. 내 나이만큼 먹은 오래된 카메라도 있고 사촌 오빠에게
헐값에 산, 대학생의 용돈으로는 살 수 없었던 비싼 카메라도 있다.
지금의 나는 그 카메라들을 대체로 방치해 놓은 채 살다가 이따금
하나씩 꺼내 들고 밖으로 나간다.

'일'을 한다는 것

요즘 들어서 사진을 찍는 순간이 줄었다. 새로운 직장에서 일을 시
작했기 때문이다. 나는 사진을 전공한 것도, 사진에 관련된 일을 하
는 것도 아니어서 카메라를 드는 건 주로 시간이 많거나 마음이 여

유로울 때다. 학생 때는 남는 게 시간이었지만 첫 인턴 생활을 거치며 깨달았다. 돈을 번다는 것은 시간을 파는 것임을. 어릴 적, 주말 내내 잠만 자던 아빠의 모습이 이제서야 온몸으로 이해가 된다. 일을 시작하게 되면 좋아하는 것에 마음을 쓸 시간과 체력은 사라지고 만다. 5년, 10년, 시간이 흘러 적당히 일하고 적당히 쉬는 노하우가 생기면 조금은 다를까? 지금의 나는 정시에 퇴근하기 위해 알맞게 일하는 방법조차 체득하지 못했다.

나는 코리빙 공간을 운영하는 회사에서 공간 운영 매니저로 일하고 있다. 코리빙(Co-Living)은 함께 산다는 뜻으로, 셰어하우스와 비슷하지만 개인 공간이 더 뚜렷한 공동 주거를 말한다. 내가 하는 일은 그곳에 사는 사람들을 맞이하고 공간이 잘 유지되도록 관리하는 것이다.

출근 3주차의 소감을 말하자면 마치 거대하고 번지르르한 기숙사의 사감이 된 듯한 느낌이다. 공용공간 청소부터 응대, 객실 점검, 계약까지 다양한 일을 하고 있지만 이 모든 일은 사람들의 눈에 띄지 않는다. 아무리 열심히 해도 언제나 새로운 문제가 일어나고, 그것에 불만족스러운 사람의 표정을 매일 마주하기 때문이다.

함께 산다는 건 쉽지 않은 일이다. 각자 다른 생각과 성향을 가진 사람들이 서로를 이해하고 받아들인다는 것은 아이든 어른이든 누구에게나 어렵다. 이토록 어려운 걸 학창 시절 6년간 해냈다는 사실에 나 자신과 그리고 함께 지냈던 친구들이 대단하게 느껴지면서도, 이런 우리를 책임져야 했던 어른들의 마음을 처음으로 생각하게 되었다. 아무리 열심히 해도 아무도 알아주지 않는 순간들을 어른 들은 어떻게 이겨냈을까? 어린아이처럼 마음껏 울 수도, 화낼 수도 없는데 말이다. 나는 아직 어른이 되려면 한참 멀었는지 아직도 자주 울고 자주 화가 난다. 그래도 그렇게 오늘도 '일'이라는 것을 한다.

이곳에서 일하게 된 건 오랫동안 염원했던 것도, 오랫동안 준비했던 것도 아니었다. 단지 우연의 흐름을 따라오다 어느 한 지점에 잠시 멈추게 되었을 뿐이다. 지난 1년간 나에게는 예측할 수 없는 일들의 연속과 새로운 발견이 파도처럼 밀려왔다.

작년 여름, 나는 서울의 어느 회사에서 3개월간 인턴 생활을 했다. 세상의 모든 일은 힘들고 그 힘든 일을 모든 사람이 하고 있었다는 인생의 비밀을 드디어 알아버리고 말았다. 가을에는 영국 시골 마을의 어느 농장에서 감자를 캐고 채소를 수확하며 지냈다. 흙의 부드러운 감촉, 시간에 따라 바뀌는 하늘의 색깔, 몸을 움직이며 생기는 건강한 피로감이 반가울 만큼 익숙했다. 겨울에는 프랑스와 스페인을 여행했다. 고작 반나절 만에 지구 반대편에 도달할 수 있다니, 거대하게만 느껴졌던 지구가 작게 느껴졌다. 떠날 용기만 있다면 어디든 갈 수 있다는 걸 깨달았다.

올봄에는 두 달간 일본을 여행하며 40여 명의 사람들을 만났다. 8년째 이어지고 있는 지유노모리 친구들과 그곳에 사는 한국 친구들, 여행길 위에서 만난 새로운 인연들까지. 만남에서 시작되어 그리움으로 끝나는 시간이었다.

그리고 다시 돌아온 여름, 나는 여행을 마치고 일본으로 워킹

홀리데이를 떠나기로 다짐했다. 그러자 나에게 당장 필요한 것이 생겼다. 바로 돈이었다. 그러던 참에 지금 일하고 있는 회사의 공고를 발견했고, 예상과는 다르게 덜컥 합격해 하루아침에 정규직 사원이 되어버린 것이다.

어디선가 성공한 삶은 99%의 노력과 1%의 운으로 이루어졌다는 얘기를 들은 적이 있지만, 아무래도 내 인생은 99%의 우연과 1%의 선택으로 굴러가는 것 같다. 성공과는 거리가 꽤 멀어 보이지만 말이다.

가장 좋아하는 것에서 멀어지려는 마음

일 년 전, 대학교 졸업을 앞두고 나는 취업 준비에 아무런 계획이 없었다. 일을 해야만 한다는 것은 알고 있었지만, 정확히 무슨 일을 해야 할지 알 수 없었기 때문이다. 자신의 가치대로, 자신의 마음이 따르는 대로 살아가는 게 옳다고 배웠지만, 막상 무언가를 결정해야 하는 기로에 놓이자 자신에 대해서도 아무것도 알 수 없게 되었다.

가장 좋아하는 건 사진을 찍는 것이었지만 그것을 직업으로, 돈을 버는 수단으로 하고 싶은지 쉽게 답을 내릴 수 없었다. 10년이 넘는 시간 동안 언제나 카메라를 목에 걸고 다녔던 나에게 사진은 멀리서 바라보는 짝사랑과 같았다. 좋아할수록 두렵고 멀리 도망치고 싶어도 끝내 지고 다시 돌아오는, 누군가를 오랫동안 좋아하는 마음처럼.

고등학교 3학년, 대학 진학을 준비하며 나는 사진학과가 아닌 일본학과를 선택했다. 일본학과를 선택한 것은 지유노모리 교류를 통해 일본이라는 새로운 세상을 알고 싶다는 호기심이 있었고, 사진학과를 선택하지 않은 것은 사진이라는 가장 소중한 것에 성적이 매겨진다는 두려움 때문이었다. 그때의 선택이 과연 호기심에 이긴 것일지, 그저 두려움에 진 것일지는 지금도 알 수 없지만 어쩌면 좋은 선택이었는지도 모른다. 적어도 교수로부터 "너의 사진은 빵점이야"라는 소리를 듣고는 "사진 따위 다시는 찍지 않을 기야"라 외치며 카메라를 몽땅 팔아버리는 일은 없었으니까 말이다. 그 당시 내가 가장 원했던 건 사진을 오랫동안 변함없이 좋아하는 것이었고, 그러기 위해선 경쟁과 평가에서 가능한 멀리 떨어져야 한다고 생각했다.

그럼에도 불구하고 사진을 찍을 자유는 차고 넘쳤다. 나는 학교 안과 밖을 오가며 다양한 사람들을 만났다. 글을 쓰는 사람, 노래를 부르는 사람, 그림을 그리는 사람, 자신을 평범하다고 일컫는 사람. 새로운 만남은 저절로 카메라를 들게 할 만큼 흥미로웠고, 나는 마음껏 그들의 모습을 사진에 담았다. 카메라를 드는 순간은 언제나 밝게 빛났다.

하지만 마음속에는 늘 어둠이 존재했다. 사진집을 만들어도, 촬영 의뢰가 들어와 돈을 버는 일이 생겨도 아무것도 아니라는 생각이 들었다. 사진을 전공하지 않아서, 사진에 관련된 직업을 가지고 있지 않다는 이유로 말이다. 참으로 아이러니한 일이다. 사회적인 틀에 벗어나 살아가는 법을 배우기 위해 대안교육을 택했고 그곳에서

6년이라는 시간을 보냈지만 나 역시 많은 사람과 크게 다를 게 없었다. 위축됐고 두려웠다. 가장 좋아하는 것에서 가장 멀리 떨어져 있는 듯한 느낌은 다시 그것에 가까이 다가갈 용기를 잃게 만들었고 그렇게 해마다 카메라에는 조금씩 먼지가 쌓여가고 있었다.

금속과 나사, 플라스틱으로 이루어진 둔탁한 생김새와는 다르게 카메라는 마치 식물과도 같아서 아무리 예쁘고 귀할지라도 손을 대지 않으면 그새 생기를 잃는다. 먼지가 쌓이고 녹이 슨다. 시간이 너무나 지난 뒤에는 제 기능을 상실한, 그저 하나의 고물 덩어리가 되어버리고 마는 것이다. 그래서 나는 오늘도 카메라로 가득한 수납장을 가만히 노려만 보다가 이내 하나둘씩 꺼내 들어 조심히, 아주 소중하게 그동안 쌓인 먼지를 입으로 후후 불어 털어낸다. 무언가를 오랫동안 좋아한다는 건 이토록 괴롭고 수고스러운 일이다.

사진이 내게 알려준 것

몇 년 전 누군가 나에게 "좋아하는 걸 꼭 직업으로 해야만 의미가 있나? 즐거우면 그걸로 충분한 것 아닐까." 하고 말한 적이 있다. 그 말에 무척이나 기분이 상했던 게 기억이 난다. 당시 나는 다니던 대학을 그만두고 사진학과로 재입학을 생각하고 있던 터라 마치 그 말이 나의 복잡한 마음과 고민 따위를 별것 아닌 것으로 만드는 것 같았다.

하지만 지금은 그때의 그 말이 가지고 있었던 뜻을 조금씩 알

것 같다. 어느 날, 수납장 구석에서 손바닥만 한 크기의 작은 카메라를 발견했다. 열네 살, 아빠로부터 선물 받은 내 인생의 첫 카메라였다. 온전히 나만의 것이 생겼던 그날을 시작으로 지금껏 수만 장의 사진을 찍었다. 지리산에서, 강화도에서, 서울에서, 일본에서, 유럽에서. 어디에 있든 무엇을 하든 카메라는 늘 나와 함께였다. 사진이 주는 기쁨은 어떤 순간에서도 아름다움을 찾아내는 시선을 가질 수 있다는 것이다. 그 시선만 있다면 세상 무엇이든 그것이 지닌 아름다움을 영원히 기억하게 된다.

산마을을 졸업한 지 8년이 흐른 지금, 학교를 떠올리면 가장 아름답다고 느꼈던 것들이 기억 속에 되살아난다. 자줏빛의 자귀나무 꽃, 저마다 다른 모양의 돌담 벽, 맞은편에 앉아있는 누군가의 웃는 얼굴. 그 모든 순간에는 외로움과 슬픔, 미움 같은 것이 있다. 외로울 때면 벤치에 누워 바람에 흔들리는 자귀나무를 멍하니 쳐다보았고, 슬플 땐 담 아래에서 마음껏 울었다. 학교가 작은 탓에 괜히 미워 보이는 애도 툭하면 마주치기 일쑤였다. 하지만 지금의 나는 외롭고 슬픈 순간보다는 행복하고 웃는 순간이 먼저 떠오른다.

산마을에서의 시간을 묻는다면 지나고 나니 모든 게 좋았다는 말 대신, 시간이 지나도 좋은 순간은 오랫동안 남는다고 말하고 싶다. 아름다움은 늘 외로움과 슬픔, 미움을 이긴다. 어쩌면 행복하게 사는 법은 행복한 일만 겪으며 살아가는 게 아니라 최대한 많은 일을 행복하게 기억하는 것에서 시작되는 것일지도 모른다.

이 모든 건 사진이 나에게 알려준 것이다. 어떤 것을 바라볼 것

인가, 어떤 것을 기억할 것인가. 그것에 따라 똑같은 순간도 빛이 될수 있고 어둠이 될 수도 있다. 나는 가능한 아름다운 것을 보려 했고, 운 좋게도 많은 것들을 아름답게 기억하며 살아가고 있다.

모르는 게 늘어날수록 어른이 된다

어린아이는 어른에게 끊임없이 질문한다. 어른은 모든 것을 알고 있고 자신의 질문에 정확한 대답을 해줄 것이라 믿기 때문이다. 이 글을 읽는 사람들 역시 같은 마음일 거라고 생각한다. 산마을에서 보낸 3년이 어떤 영향을 미쳤는지, 대안교육이 어떤 배움을 줄 수 있는지에 대한 답을 듣고 싶을 것이다.

하지만 나는 그 질문에 대답할 수 없다. 나도 모르기 때문이다. 산마을의 기억이 해마다 흐려지듯이 내 안에 확실했던 것들 또한 흐려지고 있다. 가장 좋아하는 일을 해야 의미 있는 삶이라 믿었지만, 지금은 세상의 모든 일이 가치 있다고 믿는다. 자연과 함께 살아가는 삶의 자세를 잃지 않겠다고 다짐했지만, 에어컨이 켜진 시원한 집에서 먹는 배달 음식은 맛있다. 서로를 지지하고 아껴주는 공동체가 그립지만, 퇴근 후 지친 내 몸을 가눌 시간도 없다. 이처럼 옳다고 믿는 것도, 지키고 싶은 것도 끊임없이 변한다. 하지만 절대 변하지 않는 것이 하나 있다. 바로 애정이다.

배움은 만남에서 시작된다. 산마을의 수많은 만남에서 나는 배웠다. 사랑하는 법, 미워하는 법, 이해하는 법, 용서하는 법을. 그 배움이 있었기에 앞으로 나아갈 힘과 용기가 생긴다. 각자 다른 곳을 향하고 있어도 언제나 서로를 응원하는 친구들과 방황하는 마음을 그저 묵묵히 들어주는 선생님. 한번 연결된 관계는 변함없이 그 자리를 지키고 있다. 나를 이해해주는 사람이 어딘가에 존재하고 있기에 나는 오늘도 덜 외롭고 덜 두렵다.

세상은 이제 내가 온전한 어른이 되었다고 말하지만 나는 아직 모르는 게 많은, 조금 큰 아이일 뿐이다. 하지만 모르는 게 많다고 해서 조바심 낼 필요도, 속상할 필요도 없다. 차근차근 하나씩 알아가면 그걸로 충분하다.

흐르듯 자연스럽게

심지윤

14기. 대학원에서 예술학을 공부하고 있다. "축제 관객 특성화 사회적 가치"를 연구주제로 삼고 있다. 강릉국제영화제에서 북토크 '배롱야담', '책마당 & 책의길', 2022 경기문화재단 DMZ 평화예술제에서 'DMZ 아트 프로젝트 평화공존지대'에 참여했다.

축제 같은 삶, 삶 같은 축제

축제에는 음악과 무대, 먹거리와 볼거리, 무엇보다 사람들과 이야기가 있다. 오랜 시간 이어져온 축제일수록 그곳에 사는 사람들의 이야기와 정서가 더 짙게 묻어난다. 그래서 축제를 공부하는 것은 어떤 면에서 사회와 문화를 이해하고 알아가는 재미있는 과정이다. 축제 속에서 이웃의 존재를 확인하고, 창조적 활동을 통한 공감을 이끌어낸다. 동시에 일상에서의 새로운 감각을 일깨우는 축제는 그만큼 독특하고도 매력적인 것으로 여겨진다. 나는 사람들이 창조적 활동을 함께할 때 느끼는 생동감을 통해 서로에게 감화된다고 믿는다.

실제로 나는 축제를 보고 즐기는 것보다 더 많은 관객의 생기를 돋우고 서로에게 공감을 끌어내도록 하는 일이 더 즐겁고 의미 있다. 더욱이 나는 산마을 졸업 이후 영국이라는 새로운 세계에서 나와는 아주 다른 삶을 살아온 사람들과 함께 공부하고 그들의 삶의 양식과 문화를 가까이에서 겪어보고 체득할 수 있었다. 그래서 축제와 문화예술에 관한 공부가 훨씬 흥미롭기도 했다. 새로운 환경에서 살아본 경험이 축제를 중심으로 다양한 사회문화와 예술을 이해하는 과정에 탄력을 더해주었다고 생각한다.

말하자면 나에게 축제는 '아우름'이다. 사회와 문화 안에서 공존하는 서로 다른 개인과 공동체와 자연에 대한 '아우름'의 가치는 내 삶의 아주 사적인 지점들에도 맞닿아 있다. 아마도 나의 삶에서 축제와 아우름의 의미가 겹치는 그 지점에는 다른 어떤 것보다 산마을이 있을 것이다.

신기하게도 산마을에는 축제가 가진 다양한 가치들이 비슷하게 깃들어 있다. 산마을의 사람들은 공동체로서 사람을 포함한 자연과 상생하는 법과 조화로운 삶의 가치를 공유한다. 그것을 실천하기 위한 규칙들을 만들고 따르며, 그러한 과정의 반복에서 산마을이라는 정체성이 만들어진다. 산마을에서 배운 상생의 가치는 이렇게 공동체 구성원들에 의해 재정의되고, 지켜지고, 기념되면서 가꿔져 왔을 것이다. 한편으로는 산마을의 개개인에게도 상생의 가치는 서로 다른 의미로 알게 모르게 새겨지고 있을 것이다. 하지만 산마을에서의 가치와 배움이 이후의 삶에서도 이어지도록 할지, 그저 기억의 한 부분으로 남길지는 각자의 몫이다.

한 사람이 나아가는 길에는 수많은 선택과 우연이 겹쳐 있듯이 나의 길에는 산마을이 있었다. 그것이 선택이었는지 우연이었는지 지금은 중요하지 않다. 다만 나는 그곳에서 3년 동안 타인과 어울려 살아가는 법을 배우기 위해 애썼을 뿐이다. 어떨 때는 도저히 이해할 수도 없고 존중할 수 없는 사람들과 크고 작은 문제들로 충돌하기도 했다. 돌이켜보면 10대치고는 꽤 치열하게 '다름을 아우르며 사는 것'이 얼마나 중요한지를 배웠다. 그리고 산마을 다음으로 내가 나아가는 길에는 축제라는 또 다른 선택이자 우연이 있었다. 장담할 수 없지만 축제가 아닌 다른 어떤 것을 선택했더라도 산마을에서 얻은 아우름의 가치가 나의 삶의 부분 부분에 녹아들었을 것이다.

세상에는 아주 다양한 형태의 축제가 있지만, 넓은 관점에서 축제의 본성은 산마을 공동체가 추구하는 자연, 상생, 평화와 그리 멀리 있지 않다. 또 축제는 내가 사회와 문화를 이해하는 통로이자, 세상의 온갖 다양함을 문화예술로 아울러 새로운 감각을 만드는 장이다. 지금도 축제는 나에게 소중하고 중요한 일이 되어가고 있다.

배운 대로 먹고살기, 빡세지만 할 만하다.

산마을에서의 시간과 경험을 통해 깨닫고 느꼈던 것들이 축제라는 진로와 가까이 연결되어 있음은 어디까지나 지극한 나의 개인적 사정이기 때문에, 진로의 방향을 일찍 정하게 된 것은 그저 운이 좋았다고 생각한다. 산마을의 학생들은 모두 어느 시점에 산마을 이후의 진로를 고민한다. 다시 선택과 우연, 불안과 확신 사이의 갈래 길에 서는 것이다. 산마을이 우리 삶의 한 부분이 되었다는 것이 언제나 나를 포함한 모두에게 자유롭고 대안적인 삶을 보장하는 것은 아니다.

산마을 졸업 전후에는 그런 사실이 두렵기도 했던 것 같다. 성인이라면 응당 자기 한 몸 건사하여 집도 차도 구하는 것이라는데, 나는 스스로를 어떻게 먹여 살리고 어떤 일을 하며 살아가야 할지, 산마을 바깥에 나의 자리가 있기는 한 건지 알 수 없음에서 오는 불안이 있었다. 돌이켜보면 터무니없지만 산마을에서 먹고 자며 배웠던 것들과는 별개로, 학교가 대안적 가치를 실천하며 살아갈 수 있는 멋드러진 삶의 형태나 생계 수단에 대한 명확한 해답을 주지 않은 것이 원망스러웠던 때가 있다. 애초에 내 삶의 형태는 학교가 찾아 줄 수 없는 것이 당연한데도 그랬다. 그렇지만 산마을 같은 대안학교의 경우는 조금 다르다. 바라건대 학생들의 졸업 후 삶에 대한 조금 더 구체적인 가이드가 있었다면 좋았을 것이다. 제도권 밖에서 살던 학생들이 이제는 스무 살이라는 이유로 곧바로 사회로 편입하는 과정에는 더 많은 방황이 수반되기 때문이다.

그런데도 나를 비롯한 많은 산마을의 학생들이 각자의 자리를 찾고, 사회인으로서 크고 작은 성취를 이뤄내고, 또 서로의 삶의 지향과 그에 따르는 다양한 경험을 격려하고 나누며 살아가고 있다. 한편으로는 친애하는 그 사람들과 함께 방황할 수 있어서 감사하다. 산마을의 친구들은 내가 삶에서 어떤 선택을 하더라도 지지와 응원

을 보내준다. 그리고 그것은 나도 마찬가지다.

우리는 여전히 인생에서 종종 길을 잃고, 달려야 할 때 멈춰서 기도 하고, 전혀 새로운 것을 위해 많은 것을 포기하는 선택을 하기 도 한다. 아무 연고도 없는 영국에서 공부하겠다고 했을 때도, 다시 한국으로 돌아와 대학원을 다니겠다고 했을 때도, 대학원을 휴학하고 갑자기 일을 하겠다고 했을 때 역시 전부 나의 선택이고 나의 경험이고 나의 성취다. 하지만 산마을 친구들의 지지와 격려와 걱정이 없었더라면, 지금의 나에게 그간의 모든 선택의 결과가 똑같이 의미 있을 것 같지 않다.

여전히 나는 명확하지 않은 진로에 대한 불안과 걱정을 안고 있고, 온전히 혼자서 결정하고 해내는 일들에 뛰어드는 것은 여전히 낯설고 두렵다. 그런데도 계속 삶에서 새로움을 찾고 그것에 도전할 수 있는 것은 아무래도 산마을에서 내가 함께 어울려 살고자 애썼던 친구들 덕분이다.

흐르듯 자연스럽게, 산마을은 어디에나 있다

삶의 다양한 것들로 아우름을 만들어 내는 것은 꽤 모험적이고 즐겁다. 매일 매일 보는 것, 듣는 것, 만나는 것들이 모이면 알지 못했던 새로운 세계가 열리기도 한다. 관계없던 사람들과 동료가 되고, 가보지 못한 곳을 가보게 되고, 싫던 것이 좋아지기도 한다. 그러다 보면 나의 세계도 어느새 한 폭 넓어져 있다.

문화예술과 축제를 전공하면서 영국과 한국의 문화예술 기관에서 일할 여러 번의 기회가 있었다. 가장 최근에는 임진각에서 개최되었던 DMZ평화예술제의 전시 담당자로 해외작가 작품의 수입과 수출, 작가 수행을 주로 담당했고, 또 국내 작가 팀의 전시 작품을 선정하고 전시하는 공공예술팀의 팀원으로 일했다.

처음에는 문화예술이라는 광활하고 복잡한 산업 분야에서 내가 잘할 수 있는 일이 무엇인지, 미술이나 음악, 연극 같은 특정한 예술 장르에 정통하지 않은 축제 기획 전공이 어떤 쓰임이 있을지 고민이었다. 그것을 배울 때와는 또 다르게 실질적으로 회사 내에서 나의 역할을 찾아야 한다는 부담이 있었다. 그렇지만 결국 사회생활도, 업무도 사람들과 함께 해내야 하는 일이다. 특히 축제는 시작과 끝이 정해진 프로젝트의 성격이 강하기 때문에 혼자서 처음부터 끝까지 모든 일을 해내는 것은 거의 불가능하다. 그래서 일에 대한 사명감이나 직업적 역량도 물론 중요하지만, 함께 일하는 사람들 사이의 관계가 결정적으로 중요하다. 그런 의미에서 '아우름'의 가치를 되새기는 것이 축제 기획의 실무 과정에서도 많은 도움이 되었다.

산마을을 벗어나 많은 사람을 만났다. 나와 아주 다른 사람들을. 그들과 이견을 조율하고, 서로의 도움과 조언을 주고받고, 때때로 삐걱거리기도 하면서 전시라는 결과물을 완성해 가는 과정은 개인적으로는 이전과는 전혀 다른 새로움과 조화하고 그들의 다름을 이해하면서 나의 세계를 조금 더 다채롭게 다져가는 과정이기도 했다. 마냥 편하고 즐겁지만은 않다. 산마을 밖에도 절대 이해할 수 없는 사람들, 받아들이지 못할 가치관을 가진 사람들이 널려있다. 그렇지만 그들과의 인연을 마주하고 그 사이를 헤쳐가는 과정에는 늘 새로움과 배움이 있다. 오히려 그 수많은 다름과 다양함에서 조금씩 나다운 삶의 형태를 찾아가는 중인 것 같다.

산마을의 배움은 느리게 온다. 산마을 이후에 다양한 사람들과 새로운 인연을 만들면서 그들의 삶을 외면하거나 거부하기보다 적당히 아우르고자 했을 때 비로소 깨닫게 되는 것들이 있다. 이를테면 대학교, 대학원, 직장에서 만난 사람 중에 오히려 산마을 사람보다 더 산마을 사람 같은 이들을 만나게 되었을 때 그렇다. 신기하게도 대안적인 삶이 꼭 대안학교에서 나오는 것은 아니라는 것을 산마을 밖의 사람들에게서 배운다. 그러니까 살아가는 방식에 대한 정답은 산마을에 있지 않다.

아마도 이것을 깨닫는 과정이 결국 산마을이 말하는 대안적 삶이 아닐까 생각한다. 누군가에게는 중요한 것이 나에게는 중요하지 않을 때, 그 다름을 존중하는 태도를 갖추기는 여전히 어렵다. 그래도 나와 다른 그들이 살아가는 모습과 방법을 이해하고 존중하려는 마음은 아이러니하게도 내가 타인의 삶을 대안적으로 아우르며 살아갈 수 있는 동력이 되어 삶을 더욱 유연하게 만든다.

이상한 것은 산마을이 어디에나 있다는 것이다. 특히 사랑하고 존경하는 나의 친구들. 우리는 더 이상 산마을에 함께 살지 않지만 아직도 각자의 울타리에 서로를 품고 보살펴주며 산다. 또 어떤 친구들은 그들만의 산마을을 거쳐 나에게 닿았다. 그들의 산마을은 다른 곳에 다른 방식으로 존재하지만, 우리는 자연스레 서로를 알아보고 무슨 말을 해야 할지 알고 있다. 타인의 세계에서 낯섦과 외로움이 느껴질 때는 친구들과 함께 여행을 떠나고, 대화하며, 서로에게 새로운 세계로 나가고 돌아오는 길의 횃불이 되어준다. 언제나 돌아갈 곳이 있다는 것은 삶의 큰 위안이다. 그래서 용기를 가지고 새로움에 계속 발을 디디며 살아갈 수 있고 앞으로도 그럴 것이다. 흐르듯 자연스럽게, 다채롭게 생동하는 '아우름'이 있는 삶을 향해서.

건축학과 10학년

12기. 기능으로서의 건축을 넘어 예술과 건축 사이에서 고민하다가 잠시 슈타이너의 발도르프 교육에 빠졌다. 오랜 고민 끝에 다시 건축으로 돌아와 보니 10년째 대학생의 신분으로 살고 있다. 지나온 길을 글로 정리하는데 욕심을 가지고 있으며, 내 발길이 머물 그곳을 찾기 위해 열심히 발품을 팔고 있다. 순간마다 고민의 정수가 담긴 내 발걸음이 내일 내가 디딜 길의 첫걸음이라고 믿는다.

중학교 때까지는 나이를 먹으면서 자연스럽게 걸어가야 할 다음 계단이 하나둘 다가온다고 생각했다. 고등학교에 가고, 대학교에 가고, 취업을 하고, 결혼을 하고. 공부는 하기 싫고, 대학은 가고 싶은 마음에 이것저것 공부 대신 체험으로 자기소개서를 채우고 싶어 들어간 인가형 대안학교인 산마을의 오리엔테이션 첫날, 교장 선생님은 당연하다 여겼던 계단의 첫 단부터 깨부수기 시작했다.

"대학교 왜 가? 기초 교육이니까 그래, 고등학교 때까지는 다니자. 그런데 대학교는 왜 가? 대기업 취직하려고 사 년 동안 비싼 돈 주고 앉아있다 올 거야? 기술 배울 거면, 학원 가서 자격증 따고 현장 가서 직접 일해보는 게 훨씬 빠르지 않을까? - 그러니까, 명찰이나 단순 학습 말고, 대학에서 너는 어떤 '고등교육'을 받고 싶어?"

그 질문을 받고 잠시는 당황했다가, 그럴 거면 내가 비인가에 갔지, 하며 어이가 없었다가, 그러게 굳이 대학 가야 하나 수긍도 했다가, 그래도 한국 살려면 더러워서 대학 가야지 어쩌냐 싶었던 나는 어쩌다 십 년째 대학생으로 살고 있다. 여전히 책상에 앉아 공부하기 싫어 삼십 분에 한 번씩 휴대폰을 들여다보지만, 그 와중에도 보고 싶은 세상이라던가 알고 싶은 이야기들은 또 너무 많아서 힐끔거린다는 게 쌓이고 쌓였다.

한국에서, 독일에서 그리고 또다시 한국으로, 이십 대를 꽉 채운 시간 동안 아쉽게도 처음에 기대했던 대단한 인간적 성숙을 이루지는 못했다. 좀 더 그럴싸한, 있어 보이는 질문을 던지는 법을 배운 것 같기는 하다. 아쉽게도 초중고의 친절한 선생님들과는 다르게 교수님들은 그런 질문에 대해 일일이 정답을 알려주시지 않아서, 뜬구름 잡으면서 헤매는 게 일상이 됐다.

러브하우스와 가우디

초등학생 때 느낌표라는 프로그램에서 러브하우스 코너가 엄청난 유행을 했다. 문을 열면 나오는 "따라따다따-" 시그니처 음악을 모르는 또래가 있을까? 영상은 늘 드라마, 영화에서 볼 법한 판자촌에, 황량한 비닐하우스에, 건물과 건물의 좁은 골목 사이에서 시작한다. 무너져 가는 허름한 벽 틈새로, 구멍이 숭숭 뚫린 비닐이 바람을 겨우 막고 녹이 다 슨 우그러진 철판 몇 장이 비를 막아주는 게 다인 몇 평의 공간이 저 선율과 함께 다시 문을 열면 하얗게 미장 되고 깨끗한 마룻바닥이 펼쳐진 집으로 변한다. 그러면 서로만을 의지한 채 위태롭게 버티던 가족이, 그제야 땅에 발을 내리고 마음의 짐을 푸는 거다. 집이 주는 온기와 안정감, 소속감. 그때부터 집과 건물을 별개의 개념으로 내 안에서 인식한 것 같다.

나는 고향이라는 단어가 주는 감정을 잘 느끼지 못한다. 부산에서 태어나 중학생 때까지 지내긴 했지만 그저 익숙할 뿐, 문학에서 말하는 고향, 향수, 이런 단어들에 엄청난 공감을 해본 기억은 없다. 고등학교 때부터 떨어져 지내서인지, 부산의 집도 부모님 집일 뿐 그 이상의 의미는 없다. 그래서 그런 집이 주는 연대가 늘 궁금하고, 기대됐던 것 같다. 편한 집, 좋은 집은 겪어봤지만, 위로가 되는 집이라는 걸 겪어보지 못해서, 그런 만큼 러브하우스의 집에 대한 동경이 커졌다.

드라마를 즐겨보던 엄마와 달리 아빠는 국내외 여행 영상을 자주 보셨다. 종종 티비 보는 아빠 곁을 기웃거리며 같이 보다가도 그런 영상들이 실제로 와닿지 않아 금세 지루해져 자리를 떴는데, 그 날따라 유독 내용이 흥미로웠다. 어떤 어두운 반지하 같은 공간을 들어가는데, 형태를 알 수 없는 무늬의 스테인드글라스 창에서 붉고 푸른 빛들이 은은하게 아래로 떨어졌다. 해설사가 줄을 잡아당기니 창문이 춤을 추듯 여러 갈래로 나뉘어 빙글 돌며 열렸다. 그 이후로도 이어지는 기묘하게 조각된 기둥들, 망치로 깨서 붙인 듯한 비정형의 푸른 타일로 만들어진 도마뱀들. 그건 EBS에서 틀어준 스페인 건축가 가우디 특집 영상이었다. 자연을 모티브로 한 아주 화려하고 장식적인 빌라, 학교, 공원과 성당은 나를 둘러싼 상자들과는 전혀 다른 별개의 언어들이었다.

다음 날 밖에 나가 버스를 타러 가는데, 지금 걷는 골목길이 너무 이질적이라는 생각이 들었다. 덕지덕지 붙은 간판들에 가려진 건물들은 죄 하나같이 상자를 쌓듯 평이한 모양이었고, 사람들도 월세 30만 원 이외에는 별다른 감정을 느끼지 못했다. TV에서 보던 인문학적, 조형예술적 가치의 건물과 골목을 가득 채운 건물 사이에는 왜 그런 괴리가 만들어질까? 마냥 지어지고 부서지는 것만 봐왔던 저 건물들 뒤에 건축가라는 사람이 서 있다고 생각하니 기분이 묘해졌다. 이 건물 역시 누군가의 고민으로 만들어진 작품이었을까? 어떤 사회경제적 이유 속에서, 누구를 위해 만들어졌을까? 내가 몇십년째 지내온 이 건물, 골목에 아무런 감정을 느끼지 못하는 것은, 아름답지 않은 건축물의 문제일까? 혹은 단순히 나와 대단한 연관이 없기 때문일까?

삶이란 연극을 위하여

한여름, 연꽃밭으로 둘러싸인 밀양의 연극촌에서 뮤지컬 〈이순신〉을 본 적이 있다. 배를 본 딴 커다란 무대 위에 올라가 진한 화장이 날아갈 정도로 강한 조명을 받으며 노래하던 민영기 배우의 모습에 소름이 돋았다. 야외인데도 온 공간을 메우던 소리에 풀벌레나 매미 소리는 완전히 묻혀서, 극이 시작하고 끝날 때까지 공터 위에 가벽을 둘렀을 뿐인 그 공간은 나를 전혀 다른 시간의 세계에 서 있게 했다. 한창 감수성이 풍부한 중학교 때 그렇게 극에 꽂혀서, 어머니와 여기 저기로 공연을 보러 다녔다. 크고 비싼 공연을 볼 수는 없었지만, 운이 좋게도 재밌는 공연을 많이 하던 작은 소극장이 있었고, 밀양의 연극촌도 멀지 않아 종종 갈 수 있었다. 만화책조차도 대사가 두 줄이 넘어가면 휙휙 넘겨버렸었는데 몇백 장이 되는 셰익스피어 희극·비극집은 재밌어서 두고두고 읽었다.

야학 중에 연극 수업이 있었다. 정말로 표현한다는 것을 이끌어내기 위해 우리는 불판 위의 감자가 되었다가 알레르기로 벅벅 긁는 원숭이가 되기도 했다. 처음에는 한 단어였다가, 문장이 됐다가, 점점 상황이 되고 잡히지 않는 두루뭉술한 것이 되었다. 솔직하게 말하자면 나는 그 수업에 조금도 따라가지 못했다. 어떤 주제였는지 기억은 잘 나지 않는데, 몇몇이 의자를 둥그렇게 모으더니 밖을 보다가 안으로 돌아앉았다. 그걸 보고 선생님은 머리가 너무 좋다며 이걸 이렇게 표현했구나 칭찬하는데, 나만 이해를 못 해서 연신 눈알만 데굴데굴 굴리면서 어색하게 웃었다. 뭐 어쩌라는 건지. 나는 문학적 예술로서의 연극을 좋아하는 게 아니라, 글로 쓰인 이야기를 어떻게 시각적 청각적으로 전달하는지 그러한 표현을 좋아한다는 것을 깨달았다.

건축도 그런 무대연출의 연장선이라는 생각이 들었다. 배우들에게 연기할 무대를 만들 듯, 사용자들이 살아갈 집을 만드는 것 아닐까? 조용하고 아늑한 곳에서 혼자 책 읽기를 좋아하는 주인공의 요람을 만들어 주기 위해, 생각보다 많은 소품과 장치가 필요하지 않다. 작은 일인용 소파와 둥그런 카펫을 까는가 하면, 어두운 장막으로 주변을 감싸줄 수도 있다. 혹은 정말 옅은 핀 조명 하나를 쏘아주는 그것만으로도 공간을 표현할 수 있다. 몇 개의 벽과 창, 기둥과 계단으로 나는 어떤 공간을 표현하고 싶은가?

응장한 음악, 화려한 조명, 섬세한 무대는 극을 표현하는 좋은 수단이 되지만 결국 극을 이끌어가는 것은 배우와 그들의 연기다. 인간행태 심리학 교수님이 무수히 많은 이론과 연구가 있지만 그럼에도 불구하고 수많은 정책과 시도 들이 전혀 예상하지 못한 방향으로 흘러간다고 말씀하셨다. 몇 명의 인위적인 설정만으로 사람들을 의도적으로 움직이게 하는 것이 가능할까? 그것이 아예 불가능한 것이라면, 건축은 결국 무너지지 않는 튼튼한 구조물 혹은 조형미를 갖춘 예술작품 사이의 어떤 것으로만 설정되는 것일까? 무대와 배우를 자연스럽게 이어주기 위해 내가 할 수 있는 노력은 무엇이 있는지 고민하게 된다.

짝사랑하는 중입니다

인터넷에서 한동안 떠돌았던 이야기 중에 정말 좋아하는 표현이 있다. 조카가 제일 좋아하는 과목이 수학이라 하길래 삼촌이 '나는 수학 못 하는데 부럽다' 했더니 "아니, 나도 못 해. 짝사랑 같은 거야."라고 답했다는 거다. 좋아하는 것을 찾아낸 기쁨, 못하는 것도 받아들

이는 용기, 누군가와 비교하지 않고 그 자체만으로 즐길 수 있다는 마음이 내 삶의 표어가 되었다.

나는 무엇을 좋아할까? 고등학교에서는 학생들이 하고 싶은 것, 좋아하는 것을 찾기 위해 다양한 야학과 동아리들이 만들어졌다. 이미 자신이 좋아하는 것을 찾아서 열심히 한 분야를 파 내려가기 시작하는 친구들이 부럽기도 하고, 그러다 나를 내려다보면 초조해졌다. 이삼 년 안에 내가 좋아하는 것을 찾아서 나갈 수 있을까? 흥미로워 보이는 과목들은 많았지만 게으름과 싫증을 이길 만한 과목이 있지는 않았다. 호기롭게 시작했다가 두세 번의 수업 진행 후에는 지루함을 느끼며 다른 야학을 기웃거리곤 했다.

나를 움직이는 건 흥미보다는 칭찬이 더 컸다. 재밌어 보여서 시작했는데 생각보다 잘 안 되면 금세 흥이 식었다. 작업하는 게 별로 재밌다는 생각도 안 했는데 결과를 보며 남들이 재능이 있다, 잘한다 칭찬해주면 그게 좋아 두 번이고 세 번이고 더 이어갔다. 내가 사랑하는 수학은 나를 좋아하지 않았다. 뒤늦게 수학에 재미를 느낀 한 친구가 한 학기 만에 나를 앞질러 1등을 받았다. 내가 어려워 끙끙거리는 문제집보다도 훨씬 어려운 난이도의 문제집을 술술 풀어내는 모습을 보며 책을 덮었다. 그러고는 대신 붓을 들었다. 미술 선생님은 칭찬에 굉장히 후하신 편이었는데, 나는 그런 말이 듣기 좋아 유화물감까지 사가며 그림을 배웠다. 수학 문제를 풀 때처럼 그림을 그리는 게 즐겁지도 않았고, 뭘 그리고 싶다 하는 것조차 없을 만큼 흥미도 없었는데 졸업할 때까지 열심히 그림을 그린 건 그런 이유에서였다.

한국 대학의 칭찬감옥에서 2년, 잔뜩 올라간 어깨를 가지고 독일로 건너와 입시를 위해 포트폴리오를 준비하는데, 내 스스로 그렇게 초라하고 볼품없을 수가 없었다. 나름 스스로 재능이 있다며 자신감에 가득 차서 대학 생활을 보냈는데, 돌아보니 좁디좁은 우물 안 개구리였다. 그런 개구리를 어떻게든 다듬고 포장해 보려는데, 학생에서 벗어나 직업으로 이 전공이 처음 와닿기 시작했다. 나의 기술과 재능을 매번 포장하고 어필해서 판매해야 하는 생활을, 나는 만족하며 행복하게 살 수 있을까? 지금처럼 창작의 순간들을 즐길 수 있을까? 나는 게으른 주제에 욕심만 많아서, 경쟁 속에 최고가 되지 못한다는 사실에 우울해할 텐데. 경쟁 속에 남들이 매기는 가치판단으로 내 노동력이 정해지는 사회를 받아들이기가 힘들었다.

사실은 한 50퍼센트 정도는 그런 마음으로 도망쳐 나왔다. 내가 최고가 되지 못할 것 같아서, 그랬을 때 내가 너무 힘들어하고 재미없어 할 것 같아서 손을 놓아버렸다. 그럼에도 창작에 대한 미련을 버리지 못해서 미술 선생님이 되어볼까, 시계를 만들어볼까, 여기저기 기웃거렸다. 설명하는 걸 잘하니까 선생님 잘하겠다, 손작업 잘하니까 시계 장인 잘하겠다. 칭찬들만 차곡차곡 쌓아 모으며 시간을 보내는데 마음 한편은 늘 허전했다. 불안한 건 아니고, 그냥 사는 게 별로 재미가 없었다. 그리고 꼭 그런 마음이 들 때마다 한국에서 건축을 배우던 때가 떠올랐다. 그런데 건축으로 돌아가려면 내가 건축을 잘하지 못한다는 사실을 인정해야 했고, 그럼에도 불구하고 즐기고 살아갈 각오를 해야 했다.

독일에서의 5년은 그런 모든 다른 길 속에서 내가 건축을 좋아하는구나를 깨닫는 시간이었다. 결국 돌아올 걸 시간 아깝다 싶어지다가도, 그 덕에 내가 건축을 짝사랑한다는 사실을 받아들일 수 있었다. 생각하면 또 마음이 잠잠해진다. 재입학한 첫 해, 매번 A를 받던 설계 과목에서 처음으로 B+를 받았다. 여전히 그런 평가에 연연해서 졌다는 생각에 쪽팔리기도 하고, 스스로에게 실망스럽기도 했다. 그래도 다시 발을 빼지 않고 다음 학기를 바라보는 것에 의의를 뒀다. 드디어 '좋아하는 일을 칭찬 없이 이어가기'를 도전할 수 있게 됐으니, 나름 좋은 기회라고 생각하기로 했다.

자본주의는 싫지만 돈은 좋아

나는 돈을 좋아한다. 이 한 문장을 인정하기까지 십 년이 걸렸다. 예술가도 아니고, 사회운동가도 아니면서 '돈은 저속한 가치다.' '노동만큼의 대가만 벌어야 한다.'하는 생각에 휩싸여 있었다. 살아가는 데 돈이 필요하다는 사실을 인정하는 것과 돈을 그 어떤 가치보다 우선순위에 두는 것은 전혀 다른 별개의 문장인데, 그 두 개를 구분해 받아들이는 게 쉽지 않았다.

교과서 공부만 하던 중학교에서 올라오니 산마을은 책을 치우고 세상을 보게 했다. 전혀 모르고 살았던 다양한 사회문제를 접하면서 자연스럽게 자유경제에 비관적으로 반응하게 됐다. 안 그래도 불공평한 게 많은 세상인데, 자본은 늘 그 속에서 촉매 역할만 해대는 것 같았다. 금수저들이 쥐고 있는 사회, 자본이 자본을 불러오는 빈익빈 부익부의 시스템, 한창 불공정 불공평에 민감한 사춘기에 그런 것들을 보면서 돈 자체가 싫어졌다.

대학에 들어와 만난 사람들은 그런 나와는 달리 적극적으로 자본주의에 임했다. 노력한 만큼 가져가는 것이 자본주의이니, 그만큼 내가 더 공부하고, 일하고, 벌어오면 되는 것 아닌가? 어린 나이부터 재테크를 하고 돈을 모을 계획을 짜는 것을 보면서 비관적인 생각이 차오르다 가도, 결국은 내가 어디 사회주의 국가에 망명해서 살지 않는 한 이 사회에 적응해서 살아가야 하는데 이런 나는 뒤처지는 걸까 조급해지기도 했다. 그러다 내가 선택한 방법은 눈을 감아 버리기였다. 누가 얼마나 벌어서 얼마나 쓰는지, 그거 그냥 안 보고 안 부러워할래. 돈에 대해? 그냥 욕심도 없고 관심도 없이 살래. 뭐 어떻게 굶어 죽지 않게는 벌어 먹고살겠지. 라고 말하면서.

직업을 고르는 다양한 기준이 있다. 돈, 명예, 성취욕, 돈에 대해 완전히 마음의 문을 닫은 나는 그중에서도 자아실현에 유달리 집착하게 됐다. 원하는 걸 하고 살아야 하는데, 그것을 위해 당장의 시간을 포기하고 투자한다는 것을 이해는 하지만 실행하기 쉽지 않았다. 그러느니 처음부터 하고 싶은 거로 돈을 버는 게 가장 이상적이고, 좋은 길이 됐다. 아르바이트, 혹은 자아실현을 느끼지 못하는 일들은 나에게 '노동'이지만 '업'이 될 수 없었다. 그런데 이런 집착이 가능한 건 우습게도 부모님에게 돈이 있기 때문이었다. 서른이 되도록 경제적 독립을 못 한 딸을 여전히 지원해줄 만큼의 재력이 없었다면 나는 이것저것 재어가면서 학생이라는 준비생 신분으로 있을 수 없었을 테니까.

이십 대 중반에 들어서고, 친구들이 하나둘 취직을 할 무렵부터 식당에 가면 아빠가 꼭 카드를 건넸다. 아빠의 카드지만 매번 내가 주문서를 들고 가 계산을 했고, "따님이 맛있는 밥 사주시나 봐요." 하는 직원의 말에 아빠는 하하 웃으며 긍정의 반응을 보냈다. 경제력이 주는 것이 어마어마한 명예라던가 대단한 권력뿐만이 아니었다. 부모님에게 한 끼 밥 사드릴 수 있는 용돈 봉투, 체면치레, 뿌듯함. 성공한 딸, 아프지 않은 손가락. 매달 통장에 찍히는 용돈 액수를 확인할 때보다 나에게 대접받는 기분이라도 느끼는 아빠의 표정을 볼 때 돌무더기가 쏟아져 나를 덮어버리는 기분이 든다.

스물다섯 언저리부터는 남들이 직업이 무엇이냐고 물어볼 때 학생이라고 대답하는 것이 쉽지 않다. 이제는 슬슬 돈을 벌어서 내 앞가림을 해야 하는데, 책임감을 너무 늦게 알아버렸다. 내가 번 돈으로 조금의 부채감도 없이 카드 긁고 싶다. 엄마·아빠가 친구들 이야기할 때 나도 당당하게 용돈 드리면서 같이 여행 다녀와, 말하고 싶다. 아, 나 돈 좋아하네. 내 코에만 풀칠하면 충분한 게 아니라, 기왕이면 많이 버는 게 행복하겠네.

나는 공간을 상상하는 것이 좋아서 건축이 좋다. 그러나 그것과는 별개로, 건축은 예술이 아니다. 건축가는 서비스직이다. 하나의 건물을 짓기 위해 그 목적을 설정하는 것은 온전히 고객의 몫이다. 그의 돈으로 지어지는, 그가 지내야 할 공간이기 때문이다. 건축가가 해야 할 일은 그가 원하는 건물을 법규에 적합하게, 현실적으로 실현 가능하게 다듬어서, 건축적 언어로 시공사에 전달하는 것이다. 내가 아주 유명해져서, 누군가 나의 미적 능력을 굉장히 존중하여 '네가 원하는 대로 지어봐라.'라고 하지 않는 이상은 어림도 없다. 심지어는 그렇게 맡겨 지어진 유명 건축가들의 건물도 '이런 집에서 너라면 살 수 있겠느냐'며 고소당하는 일이 왕왕 일어난다.

내가 생각하는 가치가 높은 집, 내 취향의 집을 만들려면 혼자 종이나 펴 놓고 작가로 일해야 한다. 그러니까, 앞서 열심히 써 내려온 고민들, 지금 순간에도 스쳐 지나가는 생각들이 돈을 버는 데는 전혀 도움이 안 될 수도 있다. 오히려 내 자아나 고집만 커져서, 방해가 되기도 할 거다. 돈도 벌면서, 자아도 실현하려면 어떻게 해야 할까? 두 개를 떨어트려야만 할까? 혼자 고민하려니 머리만 터질 것 같고 아무런 답도 나오지 않아서, 다양한 이야기들을 들어야겠다고 생각했다.

난 오늘도 '예술로의 건축'을 하는 교수님, 완전 서비스직으로서의 건축을 하는 교수님. 대형 회사에서 돈 잘 버는 친구, 자아를 실현하려 아예 퇴직하는 친구도 만나보면서 간접경험을 해본다. 이 정도까지 예술에 진심이면 돈을 못 버는구나, 이만큼 경제력이 보장된 삶은 설계에서 어느 정도의 제한을 받는구나. 여러 가지를 깨닫고 있는 요즘이다. 자본주의의 노예는 아니지만, 돈은 제법 버는 삶. 졸업하기 전까지 딱 그 중간의 어딘가를 찾을 수 있을까?

III

산마을에
불어오는 메아리

산마을은 어디에나 있다

안성균
삶을 위한 교사대학 이사장, 전 산마을고등학교장

산마을에 뿌려진 '대안학교 행복론'

내게는 세 명의 자식이 있다. 그런데 30살 전후의 형제는 5년제 중등 비인가 대안학교를, 올해 스무 살인 늦둥이 딸은 인가받은 대안교육 특성화고등학교를 졸업했다. 게다가 부부가 대안학교의 교사였으니 명실공히 대안교육 가족이다.

어느 날 딸에게 물어봤다. 대안학교에서 무엇을 배웠는지, 자식의 삶에 끼친 대안교육의 의미가 궁금했다. 돌아온 답은 단순명료했다.

"좋은 대학에 가지 않아도 별문제는 없다는 것과 먹고사는 데여러 길이 있음을 알았다. 돈 잘 버는 것보다 적당히 벌고 여유롭게 사는 것도 나쁘지 않겠다고 생각하게 되었다. 무엇보다 따듯한 친구들과 3년 동안 재미나게 잘 살았다."

뭔가 그럴듯한 수사를 원했지만, 그 정도면 충분했다. 꽃 같은 이팔청춘의 호시절을 친구들과 맘껏 놀고, 다양한 사람들과 깊게 만나며 또래 아이들보다는 많은 경험을 해보니 세상은 넓고 할 만한 일은 수두룩하다는 진실을 저절로 알게 된 것이다.

딸은 지방의 국립대에 입학했고, 두 아들은 대학에 관심이 없어 검정고시를 거쳐 폴리텍대학 국비 1년 기능 과정을 마친 뒤 요리사와 전기 기술자로 직장을 다니는 중이다.

"심신은 힘들었지만 지나고 보니 인내심이 길러졌고, 음식의 소중함에 대해 종종 생각하게 되었다." "대안학교를 나온 것에 후회는 1도 남지 않는다." "간혹 삶이 무료하고 힘들 때 꺼내 보는 소년만화처럼 원동력으로 작용한다." "학교를 관두고 싶을 때도 있었지만 대안학교에서의 모든 기억이 포근하고 정이 넘쳤다." "청춘 때 즐겨볼 걸 다 즐겨봤다는 느낌이다."

이러한 고백에 자식이자 대안학교 졸업생인 제자들의 아버지와 교사로서 자못 위안을 받는다.

대안학교의 졸업식 날 한 아이가 이런 졸업사를 남겼다. "앞으로 어떤 인생이 펼쳐질지는 모르나 나는 이 학교에서 어떻게 살면 행복할지를 배웠다." 그 친구가 말한 행복의 비결은 무엇이었을까?

웰빙학에서는 웰빙의 3가지 기준으로 기쁘고 즐거운 삶(pleasure

life), 일에 몰입하고 열중하는 삶(engaged life), 의미 있고 가치가 있는 삶(meaningful life)을 제시한다. 그런데 과연 행복이 인생의 목적일까? 교육의 목적 역시 행복에 두어야 할까? 나의 답은 '아니다'에 가깝다. 이효리의 "행복해야 한다는 생각을 버리면 더 행복해질 수도 있다"는 명언이 옳다고 생각한다. 교육의 목적은 사람들을 편안하게 해주는 데 있지 않고, 교육이란 모름지기 사람들을 생각하는 데 뜻을 두어야 한다는 어느 교육학자의 말에도 동의한다.

내 삶에서 악역을 맡은 이들에 대한 연민과 힘든 시간까지도 나의 인생임을 받아들일 때 조금이라도 덜 괴로워진다는 것을 살아보니 알게 된다. 나의 행복과 만족이 귀중한 만큼 타인에게서 얻는 기쁨이 우리의 삶과 사회를 변화시킨다는 점을 대안학교에서 배웠으면 한다. 주지하다시피 학교 School의 어원은 라틴어 Schola다. 숲속의 나무나 신전의 돌기둥 밑에서 우정을 나누며 한가롭게 우주와 인생을 논하던 모습이 학교의 원형이었다. 배움의 숲에서 나도 즐겁고 남도 행복한 공생공락의 도구를 탐색하고 몸으로 익히는 지난한 과정을 통해 우리 아이들은 단단해진다.

많은 수의 산마을학교 졸업생도, 집의 두 아이도 공통으로 가장 기억에 남고 자신의 인생에 영향을 미친 것은 기숙사 생활과 생태농업이었으며, 통합기행(국토순례), 해외이동수업과 국제교류(일본, 베트남, 덴마크, 네팔 등) 또한 무척 유의미하고 즐거웠다고 회고한다. 나 자신이나 가족과 다른 타인과의 공동체 생활에서 빚어지는 버거움을 일찍

감치 경험한 그들은 상처와 갈등을 숱하게 겪으면서 또래보다 한 뼘은 더 성숙해진다. 친구의 모난 모습을 감싸주고 자신의 부족함을 애정으로 마주하는 자존감의 향상은 덤이다. 내가 먹을, 그래서 나의 몸이 될 건강한 먹을거리를 심고 가꾸는 사이 저절로 생태적 감수성은 길러진다.

학교에서 발생한 각종 사안을 학생자치회가 주체적으로 해결해 나가고 낯선 이웃과 만나 상생과 평화를 이야기하는 과정에서 민주 시민·세계 시민으로서의 정체성이 내면에 단단히 형성되었음을 그들의 삶이 대변한다.

산마을에서 개설한 다채로운 특성화 교육(삶과 철학, 지역과 세계, 방과 후 아학, 창작활동, 생활기술, 프로젝트, 1인당 3~4개 이상씩 들었던 동아리와 위원회, 산울림축제, 초청특강, 세계 각국에서 방문한 우퍼, 지유노모리 한일교류, 베트남 평화기행, 학교협동조합 등)은 졸업 후 진로를 고민할 때 음으로 양으로 작용하였음을 졸업생들의 글에서 새삼 확인한다.

산마을, 긴 여정의 삶 속에서 내 마음이 잠시 쉬어가는 곳

대안학교 졸업생이 과연 특별할까? 일반 학교를 나온 친구들과 다른 점은 무엇일까? 그들은 인생을 얼마나 주체적으로 주도적으로 살아가는가? 대안학교라고 해서 좀 더 특별한 뭔가가 있을 것이라는 선입견과 기대는 금물이다. 별유천지비인간(別有天地 非人間)의 세상이 과연 존재나 할까? 어떤 면에서 대안학교는 비정한 자본주의 사회의

모진 풍파를 막아주는 온실인지도 모르겠다. 각자도생의 모래알 경쟁사회를 외면하고 자기만의 속도와 상호부조를 중시하는 시스템이나, 생명, 평화, 공동체, 사랑, 자립, 서로 살림을 지상명령처럼 내세우는 가치 중심의 교육과정과 학교의 일상은 더러운 꼴, 뜨거운 맛, 돈과 지위에 따라 자존감마저 서열화시키는 신분 상승이 판치는 현실 세계와 동떨어진 시공간일 수도 있다.

그러나 그것이야말로 정작 '삶을 위한 교육'의 본령이란 교육적 신념을 대안교육에서는 놓치지 않고자 한다. 그러한 가치관과 삶의 태도를 지니고 산다고 해서 별종이란 얘기는 들을지언정 사회적 부적응자가 되거나 주변에 손해를 끼쳤다는 이야기를 들은 적이 없다. 반대로 최고의 '워라밸' 균형감을 유지하며 서로 다름을 아우르는 더 나은 사람이 되고자 애쓰고, 생명과 평화의 기운이 감도는 더 좋은 세상을 만들기 위해 분투하는 그들을 통해 변화에 필요한 긴 호흡으로 멀리 보는 관점을 배우게 된다.

앞으로도 학교는 대안적 가치를 실천하며 살아갈 수 있는 멋들어진 삶의 형태나 생계 수단에 대한 명확한 해답을 주지 못할 것이다. 어찌 보면 졸업생들의 다양한 삶과 행동양식이 구체적인 가이드의 역할을 대신할 수밖에 없을 것이다. 10대 청소년기에 상상력과 실험의 진지로서 앓음 속에서 몸과 마음이 성장했던 영혼의 체류지(Ethos)로서 산마을이 기억되기를 바랄 따름이다.

20대에서 40대 대안학교 졸업생들을 추적하여 통계를 공식적으로 낸 적은 없으나, 간혹 학교를 찾아오는 친구들과 건너 듣는 졸업생들의 동정을 통해서 자본가나 소위 대한민국 1%를 지향하는 친구들은 상대적으로 적다는 것을 미루어 짐작하게 된다. 산마을만 해도 392명의 졸업생 가운데 이 책에 등장하는 17명의 사례는 극히 일부분임을 감안하더라도, 그들이 선택한 삶이 일반 학교를 나와 걸어가는 통상적인 직업의 세계와는 다르다는 점이 눈에 금방 들어올 것이다.

장애인 협업농장, 지역 청년협동조합, 여성노동조합, 비영리 청소년 및 평화통일 단체 활동가, 인가 · 비인가 대안학교 교사, 프리랜서 인문학 연구작가, 문학 작가, 출판기획자, 평화 인권 학습자 겸 기획가, 사회적경제 부업을 하는 여행생활자(우페), 청년 주거공동체 출신 농부, 철학을 전공한 인터넷 뉴스 PD, 사진 찍는 스타트업 공간매니저, 축제를 연구하는 대학원생, 발도로프 교육에 빠졌던 건축학 전공자 등으로 평범하게 그러나 운명의 선장이 되어 삶의 주인공으로 살아가는 그들을 통해 산마을의 교육철학이 지향했던 바가 어느 정도 실현되고 있음에 교사였던 사람으로서 보람을 느낀다.

대안적인 삶은 특별하지 않다. 오히려 대안학교를 나오지 않은 사람 중에도 훨씬 더 대안적으로 사는 사람들이 많다. 산마을의 교육 역시 특별하지 않다. 다만 '무엇이든 실컷 했던 산마을 생활, 산마을에서 실컷 아프고 실컷 미워하고 실컷 배우고 실컷 열광하며 실컷 선언했기에 산마을은 삶의 희열을 느낄 수 있게 된 과정의 시작점'이었으며, '타자의 다름을 존중하는 법을 배웠다'는 졸업생의 헌사가 산마을의 대안적인 교육의 성과라면 성과일 것이다. 산마을은 어디에

나 있다는 졸업생의 말은 그래서 울림을 준다.

대안학교에 근무하면서 강조하던 몇 가지가 있다. 대다수의 대안학교와 대안 교사들이 한결같이 입에 올리는 주문이기도 하다. 흡사 영화 「죽은 시인의 사회」에 대한 오마주처럼 비친다.

"지금 이 순간을 잡아라(Carpe Diem), 미래에 저당 잡힌 인생을 살지 말라, 그 누구도 아닌 자신만의 독특한 길을 걸어라"

버틀란드 러셀의 말을 빌자면 단순하지만, 압도적으로 강력한 세 가지 정열 즉, 사랑에의 동경, 지식의 탐구, 인간의 고통에 대한 참을 수 없는 동정심이 우리의 삶을 지배하기를 바라는 것은 지나친 욕심일까, 그런 과욕을 숨긴 채 산마을의 일상에서 가랑비에 옷 젖듯이 그러한 바람이 스며들었던 시간과 정성이 있었기에, 은근하면서도 강력한 그 정열의 길을 선택한 친구들이 대안학교와 산마을에서는 비율적으로 꽤 많이 배출되었다고 생각한다. 그 치열한 삶들이 담긴 이 이 책은 그 증거 중 하나이다.

산마을 너머에서 배움 따라 즐겁게 살기

10대는 물론이고, 어릴 적부터 가정과 학교에서 자주 묻고 강요하는 질문이 있다. "넌 이다음에 커서 뭐가 될래?", "하고 싶은 일이 뭐야?", "진로는 정했어?", "대학은 무슨 과를 갈 건데?" 등. 그런데 정작 중요한 '어떻게 살고 싶은지, 왜 사는지, 나는 누구인지, 상대를 존중했는지, 우리 사회는 과연 공정한지, 지구는 지속가능한지?'에 대해서는 물어보지 않는다.

적어도 대안학교는 그런 질문을 시도 때도 없이 던지는 곳이다. 함께 살아가려면 어떤 태도를 취해야 하는지를 진절머리나게 회의하고 갈등하며 공동체 생활을 인내한다. 생활학교라는 특성상 집단생활의 규율과 통제, 친구들과의 인간관계에서 빚어지는 온갖 사건 사고는 자신의 바닥과 인간성에 대한 불신을 일찌감치 맛보게 한다. 기숙사 단체 생활 말고도 학생 주도적인 자치와 동아리 활동 외 온갖 프로젝트, 자기 개설 교과(범교과 수행평가)와 씨름하면서 성장을 위한 앎(읽음)의 통과의례를 혹독하게 치른다. 학교는 학생들에게 실패해도 괜찮은 안전한 울타리를 제공하고, 괴로움과 절망의 순간은 마음의 근력을 강화시킨다. '여긴 어디?, 난 누구?, 굳이 왜?'의 끝없는 의심 속에 그들의 내공은 교사와 부모의 수준을 훌쩍 뛰어넘기 일쑤이다.

관계를 풀어가는 스킬의 정교함이나 몇 발짝 앞서가는 사회에 대한 인식의 예리함이 기성세대를 아프게 쿡쿡 찌르곤 한다. 문제가 있는 곳에 희망이 있고 대안이 있다. 당연한 것에 관한 질문은 기존의 관성과 현실 세계의 강고함을 깨트려야 하는 고통을 선사하지만, 엎어진 우리를 일으켜 세우고 한 걸음 앞으로 나아가게 만드는 쓴 약과도 같다. 그 지난한 과정에서 터득한 의사소통능력, 문제해결능력은 슬기로운 사회생활을 견인한다. 직업 성취도와 사회적 만족도는 지능이나 성격, 경제적 수준이 아니라 체력의 한계에 이르렀을 때 포기하지 않고 몇 발자국 더 뛸 수 있는 끈기(Grit 점수)에 비례한다는 하버드 대학의 40년 추적 연구보고서는 시사하는 바가 크다.

남과 똑같이 비슷한 시기에 대학 가고 취직해야 덜 불안한 것이 인지상정이지만, 세계 여행하고, 알바하고, 봉사활동을 하고, 이런저런 사회 경험 쌓다가 몇 년 늦게 간다고 인생 낙오자가 되지도 않을뿐더러, 10년 후에 천천히 대학과 직장을 정한다고 인생을 잘못 살지도 않는다. 차라리 멀리 돌아온 과정 자체가 어쩌면 더욱 진지하게 자기 공부와 자신의 주체적인 삶에 몰두하게 만들고, 재미나게 세상 사는 비결을 터득하도록 이끄는 지름길일 수도 있다. 대부분의 대안학교 졸업생들로부터 왕성한 학생자치와 동아리 활동, 놀이와 학교 너머의 세계를 진작에 만끽한 탓에 대학 생활이 시시하다는 후일담을 종종 듣는다. 대안학교를 졸업한 덕분에 학문에 전념할 시간이 더 주어진 것은 나름 장점이다.

자신의 이유를 가지고 세상으로.

세상은 넓고 할 일은 많다. 그리고 갈 곳 또한 너무도 많다. 누구의 말처럼 지도 밖으로 행군하던, 바람에 흔들리지 않는 무소의 뿔처럼 혼자 가던 가치관과 욕구에 따른 자신의 선택을 믿고, 또 그 선택에 대한 책임을 질 때 불만이라는 뿌리 깊은 귀신이나 불안감이라는 발 없는 귀신은 우리의 가슴팍과 등짝으로부터 떨어져 나갈 것이다. 좌충우돌하며 자신이 선택한 길을 뚜벅뚜벅 걸어가는 졸업생들의 삶에서 작지만 웅숭깊은 희망을 발견한다.

아래 졸업생의 글은 산마을 교육이 간혹 지쳐 확신을 잃고 헤맬 때 건네주는 잔잔한 위로와 희망의 선물이다.

"내 주변을 챙기며 더불어 살아가는 삶을 지속할 것이다. 부조리한 것들에는 참지 않고, 다양한 사람들의 목소리를 들을 것이다. 멈추지 않고 계속 생각하고, 깨닫고 행동하는 삶을 살아갈 것이다. 육지에서는 느리고, 바다에서는 재빠른 거북이처럼 내 마음대로 내 인생 속도를 움켜쥐고 살아갈 것이다. 이런 내 옆에 항상 사랑하는 사람들이 함께할 것이다."

나는 산마을의 친구들과 나를 포함한 모든 부모님이 자유롭기를 소망한다. 예전부터 아이들에게 자유에 대해 이야기할 때, '자유(自由)=자기(自己)+이유(理由)'라고 풀이했었는데, 쇠귀 선생님도 그런 말씀을 한 바 있다. 산마을에서 참으로 자유로워지는 길은 다름 아닌 산마을에서 자기 정체성을 찾는 것이요. 조금 늦더라도 어디를 가서 무슨 일을 하더라도 자기 이유를 늘 되묻다 보면 그 실체가 보일 터이다. 산마을 졸업생들의 글을 읽다 보면 끊임없이 자기 이유와 생각의 뿌리를 찾아가기 위해 고민하고 실천하는 모습을 발견하게 된다.

진로는 자기 이유를 발견하고, 나와 타인과 세상에 대한 연민이 내 속에서 살아 꿈틀거릴 때 저절로 보이지 않나 싶다. 자기 동력을 획득한 걸음걸이는 세상 속으로 참된 자신의 길을 당당하게 걸어가게 할 것임을 믿는다.

어두운 사람들의 수효를 줄이고
밝은 사람들의 수효를 불리는 것,
이것이야말로 목적이다.
"우리가 교육이다"
하고 외치는 것도 그 때문이다.
배우는 것, 그것은 불을 켜는 것이다.
배우는 한 마디 한 마디는 빛을 던진다.

_빅토르 위고, 『레미제라블』중

'자신의 삶에 대해 뚜렷한 전망을 세우도록 하는 것, 삶과 희망과 사랑을 갈구하도록 하는 것, 책임감을 가지고 자신의 삶을 살아나가겠다는 독립심과 그런 삶을 가능하게 하는 삶의 기술들을 길러주는 것(크리스튼 콜)', 그것이 바로 참된 교육, 평범한 대안교육의 목적이다.

산마을을 비롯한 대안학교들이 비록 그 교육의 목적을 100% 채울 수는 없을지라도, 불꽃을 일으키는 시대적 소명은 치열하게 감당해 왔다. 23년 동안 학교 문을 나선 392명의 산마을 졸업생과 지금이나 앞으로 대안교육의 세례를 받고 받을 무수히 많은 친구들이 던지는 작은 불빛은 지구별 곳곳에서 따뜻하게 어두움을 밝힐 것이다.

큰 병이 생겼다

고경일
상명대학교 디지털만화영상학부 교수

우리 집의 두 딸은 산마을고등학교를 졸업했다. 첫째 딸은 졸업한 지 약 7년이 지났고, 둘째 딸은 약 5년이 지났다. 두 딸이 산마을고를 졸업하고, 나에게는 아주 큰 병이 생겼다. 만나는 사람마다 붙잡고 아이가 몇 살인지, 어떤 환경에서 공부하는지, 학생들은 어떤 태도로 공부하고 교사들이 어떤 철학을 갖고 있는지 묻고, 마지막엔 산마을고를 전도하는 '병'이다.

첫째 혜원이는 집에서도 두 손을 하늘을 향해 들고 다녔다. 마치 수술실의 의사들처럼 양손이 물건에 닿지 않게 한다고 깔끔을 떨다 보니 이런 황당한 자세로 생활한 것이다. 그렇게 가기 싫다고 산마을학교에서 전학시켜달라고 애걸복걸하던 딸은 한 학기가 지나자 서서히 달라졌다. 일본 여행을 가고, 지유노모리 학생들과 교류

하고, 베트남 역사기행에 참여했다. 주말마다 듣도 보도 못한 지역에 살고 있는 산마을학교 친구의 집에 놀러 갔다. 어느 날인가는 혜원이가 끙끙거리면서 무와 배추 등 텃밭에서 키운 보물 같은 채소를 부대에 담아 버스를 타고 집에 왔다. 할머니 할아버지는 기뻐할 수밖에! 유난히 깔끔 떨고 자기만 알던 혜원이가 달라졌으니 어른들 입장에서는 기특했을 것이다.

둘째 딸, 혜민이도 산마을고에 입학한 건 나의 전도(?)도 있었지만, 달라진 언니 혜원이의 모습에 자신을 투영했기 때문이 아닐까 싶다. 혜민이는 어려서부터 어학과 수리에 밝았다. 책을 가까이했고 집중하고 연구하는 타입이었다. 물론 산마을고도 엄연히 서로 다른 사람들의 공동체다 보니 크고 작은 사건 사고들이 끊이지 않았다. 사회적 분위기와 맞물려 페미니즘의 강한 바람이 산마을고에도 불어왔고, 아이들 사이에서 비난과 비판, 혐오와 갈등이 있었던 것도 사실이지만 인내심으로 학생들의 의견과 자율 토론을 지켜준 학교 덕분에 산마을고는 다시 살아났다.

우리 사회는 아주 큰 실험을 당하고 있다. 최고 권력자의 말도 안 되는 교육정책으로 교육계는 현재 큰 진통을 겪고 있다. 잇단 교사들의 죽음으로 '무너진 교실'의 민낯이 드러나고 있지만, 불행 중 다행인 건 산마을고는 일반고등학교와 다르다는 점이다. '학생+학부모+교사=학교'라는 등식을 아직도 굳건하게 지키고 있고, 입학 시기부터 학생이 어떤 환경에서 어떤 고민을 짊어지고, 어떻게 살아갈 건지를 꼼꼼하게 점검한다.

부모들 또한 면접 대상이다. 우리 아이들이 왜 이 학교에 와야 하는지, 왜 이 기숙사에서 생활해야 하는지, 왜 이 학교의 학부모들과 친해져야 하는지, 끊임없는 질문이 꼬리에 꼬리를 물고 이어지면서 아이와 부모가 함께 고민의 고삐를 놓지 않는다. 산마을고등학교에서 만난 학부모들과는 거의 모두가 친구가 된다. 직업이 다르고 지위가 달라도 모내기를 함께 하고, 토론에 참여하고, 체육대회와 학부모들끼리의 여행까지 이어지면서 서로의 '진심'을 확인하기 때문이다.

산마을고등학교는 그동안 교실이 무너지지 않고, 교권이 추락하지 않고, 교육 현장에 선생님들을 혼자 모든 것을 감당하도록 내버려 두지 않았다. 이 모든 것은 철저한 '진심'이 있었기에 가능했던 일이다. 갈수록 심화되는 입시경쟁과 '내 자식 우선주의(?)'는 공교육을 더욱 벼랑 끝으로 몰아세울 것이다. 학부모들은 우리 아이의 건강한 생활이 우선인지 아니면 좋은 대학 나와 대기업에 취업하는 것이 먼저인지 갈등은 더 깊어질 것이다. 냉철히 되돌아봐야 할 시점이다. 분명한 건 학부모들의 '진심'이 깊고 넓다면, 아이들에게도 '진심'이 통한다는 거다.

어떻게 공교육의 기반을 다질 것인지 깊은 고민하지 마시라. 잠시 공교육이 멈춰 섰지만, 산마을고의 공교육은 아직 진행형이다. 우리 아이들의 개성과 특성을 존중하고 그에 맞춰 성장하는 교육 현장이 바로 산마을고등학교다. 더 나은 미래로 나아갈 수만 있다면 손실보다는 몇 배의 이득으로 돌아올 터이다. 부디 망설이지 말자.

앗! 큰 병이 도졌다. 친한 지인의 아들이 조기유학으로 미주 지역을 다녀온 뒤로 혼자 지내는 시간이 늘고, 아이가 동물 키우느라 집 안이 난리 났다고 고민이다. 나도 모르게 그 집을 찾아가 산마을 고등학교에 대해 전도하고 있는 나를 보며 흠칫 놀란다.

"진심…병이다!"

자존감에서 비롯한 남다른 자부심

오창익
인권연대 사무국장

젊다는 것만으로 뭔가 내세울 수 있는 시절이 아니다. 극단적 경쟁은 젊은이들을 초라하게 만들었다. 고등학교 때 문과였던 학생들은 대학에 진학해서, 문학, 역사, 철학 등 다양한 전공을 선택하겠지만, 그들의 길은 온통 법학전문대학원으로 향하고 있다. 법학전문대학원에 들어가냐, 그렇지 않냐, 어떤 법학전문대학원에 가냐, 변호사 시험은 얼마나 빨리 합격하느냐로 인생 자체가 달라진다고 여기는 세상이 되었다. 이상한 세상이다.

이과였던 학생들은 의과대학을 향해 매진하고 있다. 이른바 '우수한' 학생들의 선택은 이렇게 천편일률이다. 경쟁은 배치표가 그렇듯, 젊은이들의 삶을 나눠버린다. 교육이 삶을 가르고, 삶도 결정하는 것처럼 여겨진다. 그러니 대학 입학의 직전 단계인 고등학교는 격

럴한 전쟁터 같은 곳이 되어버렸다.

한국 교육은 심하게 망가졌다. 이렇게까지 망가진 것은 세계적으로 가장 천박한 자본주의 체제 속에서 사는 강박 때문이다. 그 강박의 핵심은 돈이다. 돈이 있어야 사람 노릇도 할 수 있고, 돈이 모든 것보다 우선한다는 맹신이다. 임금으로는 돈을 모으는 게 어려우니 부동산, 주식으로 돈을 긁어모아 승차감보다는 하차감이 좋은 승용차를 타는 게 자신에 대한 가장 적절한 보상이라도 되는 것처럼 여기는 사람들이 많다. 이런 상황에서 법조인과 의사는 한국적 욕망을 그대로 보여주는 '거꾸로 된 막장'이다. 결국은 돈이다.

희한하게도 돈이 아닌 다른 이야기를 하는 청년들이 여기 있다. 이건 어쩌면 끝없이 추락하는 출산율로 한국이 망해버릴 거라는 자멸적 전망에 대한 성찰이기도 하다. 곧 망해버릴 나라가 아닌 새로운 대한민국을 위한 답이 여기에 있다. 돈이 전부가 아니라는 확고한 믿음을 지닌 것처럼 보이는 젊은이들, 꽤 자유롭게 살면서, 학연, 지연이나 종사하는 직업 등 기성이 그토록 소중하다고 강변하는 배경쯤은 훌쩍 넘어선 것처럼 보이는 젊은이들이 고등학교를 졸업한 다음의 삶에 대해 적고 있다. 각자의 삶을 담담하게 드러내고 있다.

고등학교를 졸업한 지 한참 되었고, 뒤늦은 대학 진학을 준비하면서도 "사람들은 저마다 다른 속도로 삶을 살아간다"라는 깨달음을 얻은 청년은 꽤 늦은 대학 생활도 그처럼 가벼운 마음으로 해낼까.

20대 내내 철학 세미나를 하며 대학 진학도 취업도 하지 않은 스무 살도 "즐겁고 치열하고 충만한 삶을 살 수 있다"는 것을 알게 된 청년은 앞으로 어떤 즐거움을 누리며 살게 될까.

고등학교 동창들이지만, 2, 30대가 되어서도 함께 모여 '함께 사는 삶'을 위한 책 읽기 모임을 하며 재미난 세상을 도모하는 청년. 그에게는 어떤 재미난 세상이 열릴까.

남들 보기엔 '고졸 학력의 부적응자'일지 모르지만, 지리산 자락으로 귀촌해서는 하고 싶은 게 너무 많아진 청년. 그 청년은 첫 수확을 한 생강을 잘 팔았을까.

상근활동가로 살고 있는 청년. 자신의 경우보다 타인의 발전과 변화를 보면서 더 큰 성취를 느낀다는 그 청년은 앞으로도 상근활동가로서 잘 살아갈 수 있을까.

모교의 교사가 되어 생태농업으로 기후위기 시대를 살아갈 지혜를 구하는 청년은 앞으로는 어떤 방식으로 공존을 실천해나가게 될까.

출판사에 연락해 저자 연락처를 받아내고, 저자에게 일본 현지 안내까지 부탁하는 순발력과 배짱을 지닌 청년은 앞으로 어떤 만남들을 만들어갈까.

문단에서 주목받는 소설가가 된 청년은 다음엔 또 어떤 작품을 쓸 궁리를 하며 설레는 삶을 살고 있을까.

청년들이 쓴 글을 읽으며, 사람을 제대로 키우면, 그게 아니라도 스스로 잘 커나갈 수 있도록 돕기만 해도 여태까지와는 전혀 다른 세상도 얼마든지 가능하다는 것을 알게 되었다. 그렇다. 젊은이들은 이렇게 우리를 각성시킨다.

이건 산마을에 대한 이야기다. 인천광역시 강화군 화도면의 시골에 있는 고등학교. 전교생이 60명밖에 안 되는 작은 대안학교다. 한동안 대안학교는 기성의 학교, 곧 치열한 경쟁에서 낙오했거나 능력이 부족해 아예 경쟁 자체를 포기할 수밖에 없는 국외자들만의 특별한 학교 취급을 받았다. 아무리 좋게 봐주려고 쳐도 치열한 경쟁 바깥에 있으니 어쩌면 실패가 예정된 곳처럼 생각하는 사람도 많았다.

산마을은 어땠을까. 산마을이 내건 깃발은 "자연·평화·상생"이다. 엇비슷한 말이지만 경합하지 않고 잘 어우러진다. 그러나 자연, 평화, 상생의 깃발은 냉혹한 현실과는 어울리지 않는 일종의 도피처럼 보이기도 한다. 실제로는 어떨까.

산마을은 늘 바쁘게 돌아간다. 정규 학교이니 당연히 정규 교과를 다 공부해야 한다. 공부한다는 것은 다른 학교에서 하듯 수업을 듣는 것은 물론 예습과 복습에다 과제 수행까지를 포함한다. 보통의 학생들은 고등학교 정규 과정만으로 지치고 힘들다. 그러나 산마을은 〈문화비평〉, 〈삶과 철학〉, 〈생태농업〉, 〈생활기술〉 등의 과목을 아예 '대안 전문'이란 이름으로 정식 교과로 채택하고 있다. 기존 학교들보다 훨씬 바쁠 수밖에 없다.

이 과목들이 전부가 아니다. 〈국제이해교육〉 〈생태환경교육〉 〈통합기행〉 〈창작활동〉 〈생활기술〉 등의 '특색교육'도 하고, 밤에는 '산마을 야학'이라는 이름으로 다양한 공부를 한다. 게다가 학생회나 동아리 활동도 꽤 많이 한다. 전교생이 60명밖에 안 되는데도 밴드와 풍물패, 연극반에다 댄스팀까지 운영한다. 산마을 학생이라면 누구라도 학생회 임원, 서너 개쯤이 훌쩍 넘는 동아리 회원으로 1인 다역을 해야 하고, 밤낮없이 공부하며 정규 교과를 쫓아가야 한다. 그래서 산마을 학생들은 평소에도 뛰어다닌다. 게다가 방학 때면 국제이해교류를 위해 일본 학교를 방문하는 등 다양한 활동도 펼친다.

이런 고등학교가 어떻게 가능할까 싶겠지만, 기숙사에서 함께 생활하며 등하교 시간을 아낄 수 있고, 과외나 학원 등 일체의 사교육을 받지 않으면 이런 삶도 가능하단다. 그렇지만 산마을 학생들도 엄연히 대학 진학을 앞둔 고등학생들인데, 나중엔 어떻게 하려고 이렇게 바쁘게 뛰어다니며 '놀기만 해도' 되는지 의문이 생길 만하다.

이 책은 산마을고등학교 졸업생들의 '나중' 이야기다. 졸업생들이 제출한 일종의 중간 보고서이기도 하다. 직업을 구한 졸업생도 아직 공부 중인 졸업생도 있지만, 꽤 다양한 분야에서 각자의 삶을 살고 있었다. '저런 삶이 어떻게 가능할 수 있지' 싶은 삶을 실제로 사는 사람들도 있고 남들이 부러워할 만한 직장에 취직하거나 의미 있는 삶을 사는 졸업생들도 많았다. 사회적으로 주목할 만한 성취는 모르지만, 내적으로 무척 탄탄해진 젊은이들도 많았다.

산마을을 졸업한 청년들의 글을 읽으면서 한결같이 느낄 수 있는 감정은 자존이었다. '자존(自尊)'. 그렇다. 사실 교육의 목적은 온통

'자존감 형성'이었다. 교육과정에 참여한 어린이, 청소년이 스스로 존엄한 존재라는 것을 깨닫고, 각자 어떤 자리에 서 있든 무엇을 하든 존엄과 가치를 지닌 인간으로서 살아갈 수 있도록 돕는 과정이 교육이었다. 하지만, 방금 쓴 문장을 과거형으로 적은 것처럼 원래 교육의 목적과 한국적 경쟁체계에서 흔히 교육이라는 부르는 것과는 너무도 먼 거리에 있다.

유치학교부터 초·중·고등학교까지 일체의 교육과정이 왜곡되어 온통 무언가의 전(前) 단계로서의 의미만 가지는 기형적 상태가 되었다. 한국적 상황에서 고등학교는 대학의 전 단계로서의 의미만 있을 뿐이다. 그래서 '좋은' 고등학교는 '좋은' 대학에 잘 보내는 곳일 뿐이었다.

한국적 상황에서 산마을은 '좋은' 고등학교가 되기 어렵다. 학생이 온통 뛰어다니며 바쁘게 노는 것처럼 보이는데, 공부를 열심히 하는 것처럼 보이기도 하지만 당장 입시에 필요 없는 것처럼 보이는 '쓸데없는' 공부를 너무 많이 하는데, 그렇게 많은 동아리와 학생회 활동은 물론 농사까지 직접 지으면서 어떻게 '좋은' 대학에 보내고 어떻게 '좋은' 사회인이 될 수 있단 말인가.

그 답이 이 책에 나와 있다. 이 책의 저자로 참여한 청년들의 글을 읽다 보면 또래들보다 기본적인 글쓰기 훈련이 되어 있는 데다 사물을 보는 훈련 같은 게 되어 있다는 것을 알 수 있었다. 아, 이게 산마을의 저력이구나 싶었다. 산마을은 자존감과 함께 일종의 기초 체력을 길러주는 학교였다.

무엇보다 우리 청년들을 이렇게 훌륭하게 키워낸 산마을 선생님들이 대단해 보였다. 시민의 한 사람으로서 감사 인사를 드린다. 산마을 졸업생들의 경탄할 만한 성취는 교육이 무엇인지, 교육의 본령이 무엇인지를 제대로 보여준다.

모처럼 좋은 책을 만났다.

산마을 너머의 삶을 살펴 '보고서'

최보길
산마을고등학교 교사

사람을 만나서 이야기를 나누고 그 순간의 느낌을 감성의 이미지로 저장했다가 우연한 기회가 되면 기억의 책장에서 꺼내서 다시 돌아가곤 했다. 시간이 지나면 기억도 희미해지고 또 내 시각도 바뀌어서 그 순간의 느낌들이 변화되는 경험을 갖게 되었다. 그래서 그 언젠가는 그 순간의 기억들로 다시 돌아가 그 느낌 그대로 당시의 시간으로 돌아가 서로가 주고받았던 기억의 씨줄과 날줄을 엮어보고자 했던 바람을 기억을 넘는 기록의 모습으로 남겨보고자 했다.

산마을 '너머'는 산마을의 시간이 아니라 온전히 졸업생 스스로가 만든 그들의 시공간이다. 지금 발 딛고 있는 시공간에서 그들이 쏟고 있는 땀과 마음을 생각하면 어느 것 하나 얇고 가벼운 것이 없다. 작은 씨앗 속에 앞으로의 삶이 녹아있듯 그들의 씨앗이 산마을을 만나 싹트고 또 꾸준히 스스로 자양분이 되어 싹틔운 그들의 삶이 조금 더 큰 씨앗이 되어 자신들의 발 앞에 다시 심었기 때문이다. 그 순환의 첫부분을 함께 기억하고 그 기억을 기록해서 누군가의 개인적 특성이 아니라 산마을의 보편적인 기억으로 남기고 싶었다. 그리하여 어쩌면 나는 그들의 삶을 살피고 산마을에 인연을 맺은, 혹은 맺을 사람들에게 전해줄 일종의 '보고서' 작업을 하고 있는지도 모르겠다. '지표'가 될 수도 있고 '좌표'가 될 수도 있으니 보고서에 이어지는 '산마을 너머'의 '너머'에 대한 과제이기도 하겠다.

그들이 만든 밭에는 그들만의 가치가 자라고 있었다. 때로는 자기 자신에 대한 애정의 씨앗을 품기도 하고, 사회적 약자와 동행하는 꽃을 피우기도 하고 자연과 사람이 함께 살 수 있도록 외치는 열매를 맺기도 했다. 그들의 텃밭에 잠을 아끼고, 책을 읽고 또 많은 사람들과 다양한 가치를 나눠서 세대의 한가운데 묵묵히 피어나고 있었다,

자신의 삶을 이 세상의 주류적 삶에 투영하여 자신의 시간이 아니라 누군가를 위해 인위적으로 만들어진 시간에 맞추어 사는 것이 아니라 자신의 속도로, 자신의 생각대로 천천히 주변을 살피며 삶을 일구고 있었다. 때로는 불안이 때로는 외로움이 있을 수도 있겠지만 미래를 향해 현재를 볼모로 삼지 않고 지금 발 딛고 있는 시공간을 창조하고 즐기며 살고 있었다.

우리의 걱정과는 다르게 작은 학교에서의 경험이 작은 세상을 만나 작아지는 것이 아니라 조금씩 커져가는 세상을 만나 매 순간

가벼운 발걸음으로 만날 수 있는 즐거움을 지니고서 스스로 커져갈 확장성을 키우고 있는 것처럼 보였다. 텃밭에서 한 주기를 보낸 씨앗이 더 큰 세상의 경작지에서 다시 한 생애를 보내면서 더 큰 성취를 이루듯 산마을 너머의 삶도 몇 번의 생애주기를 거치면서 더 단단해지고 창조적인 삶의 리듬을 만들어 낼 것 같았다.

산마을 시간 동안 작은 공동체 생활 안에서 마음고생 많았던 친구는 다양한 인간관계를 통해 관계의 리듬을 찾았고, 각지의 공동체를 둘러보는 산마을 여행의 경험을 가진 친구는 그 한국과 일본의 공동체에서 생활하다 다시 시골마을에서 새로운 도전을 맞이했다. 텃밭과 생태농업에 열심이던 친구는 유독 농촌의 아줌마, 할머니를 마음에 품다가 자연과 사람이 문화로 순환되는 생태주의의 전도사가 되었다. 사회적 관계에 관심이 많아서 독서토론과 포럼에서 사람 만나기를 좋아했던 친구는 국경을 넘어 청년 평화 포럼으로 만남의 공간을 확대해갔고, 수업 시간 노동문제에 관심이 많았던 친구는 다시 자신의 삶에 집중해 미루어두었던 배움의 길을 나선다.

푸르름에도 여러 종류가 있다는 것을 산마을의 자연으로부터 배운 친구들은 그 감흥을 사진과 글, 그리고 축제로 빚어내는 꿈을 꾸고 있다. 산마을협동조합에서 대안을 모색했던 친구는 사회활동과 더불어 느릿느릿 우퍼여행을 다니고 또 지역에서 지속가능한 청년의 삶을 고민하고 실천한다. 대안학교의 경험은 고스란히 남아 또다른 학교의 교사가 되기도 하고, 삶을 윤택하게 하기 위해 인문학 공부를 즐기기도 한다.

여전히 그들의 삶에서 사람을 품은 자연과 진정한 평화의 관계로 서로 돕고 살고자 하는 실천 철학이 그들의 손길과 발길 위에 묻어 있는 듯하고 산마을의 텃밭에서 물과 거름으로 섞이고 세월로 숙성되면서 자연스럽게 자랐던 씨앗이 이제는 스스로 뿌리 내리고 열매 맺고자 하는 농부의 손길로 거듭나는 듯하다.

가끔은 대안학교에 대한 이해를 가지고 있는 분들에게서 대안교육의 경험은 의미 있고 소중하지만, 학생들이 성장해서 다시 돌아갈 사회에서 속에서 다시 맞이해야 할 거대한 경쟁은 피할 수 없다는 이야기를 듣곤 한다. 아마도 그것이 대안교육의 의미를 이해하면서도 선뜻 방향을 전환하지 못하는 이유 중 하나이기도 할 것이다.

그러나 '산마을 너머'의 삶은 경쟁을 전제로 하지 않는 사회였다. 공존을 위해 서로의 역할을 나누고, 일상에서 즐길 수 있는 문화를 공유하고, 지역 안에서 삶의 가치와 존재감을 찾는 상생의 관계가 여전히 존재하는 사회였다. 욕망을 키우기보다 희망을 만들고, 제도에 얽매이기보다는 온전하고 창의적인 시민으로 살기를 추구하고, 끝없는 경쟁의 승자가 되기 위한 나만의 생존 스펙을 위해 청춘을 보내기보다는 지금 살고 있는 삶을 가꾸는 데 더 큰 관심을 가지면서 살고 있다. 산마을 너머의 친구들로부터 불안보다는 자신의 삶을 있는 그대로 가꾸어 가는 '단단함'과 '든든함'의 기운을 본다.

인공지능, 로봇, 우주 개발 등으로 미래를 포장하고 그에 맞춘 경쟁력을 갖추는 것으로 교육의 초점이 변화되는 듯하다. 그렇게 해서 만들어진 미래 사회에서 인간은 어떤 행복을 맞이할 수 있을지

'사람의 성장', '함께 살기', '자연과 하나로', '지속가능한'이라는 미래를 향한 고민은 여전히 남는다. 미래사회는 만들어진 것에 순응하는 것이 아니라 우리가 만들어 가야 할 사회라면 오히려 산마을 '너머' 친구들의 삶 속에서 미래 사회의 희망을 보는 것은 아닐까?

이제 열일곱의 나이부터 산마을에 살며 '산마을 너머'로 날아든 열일곱의 이야기를 살핀 산마을 너머의 삶을 살펴 '보고서'의 마침표를 찍는다. 어떤 일을 하느냐가 아니라 어떻게 생각하고 사느냐에 열심히 답해준 산마을 졸업생들의 '앞으로'가 더욱 궁금해진다. 언제 어디에서든 스스로 빛을 내어준 졸업생들에게 고맙다. 너희들이 살고 있는 각각의 산 위의 마을은 숨겨지지 않을 귀한 마을이 되어갈 것을 응원한다. 다음 기회엔 '보고서'의 형식을 넘어서 산마을 너머의 씨앗이 자라는 텃밭을 직접 발로 딛고 그 발걸음의 기억을 기록하는 '여행기'로 만나고 싶다.

삶의 행복을 꿈꾸는 교육은 어디에서 오는가?

미래 100년을 향한 새로운 교육

혁신교육을 실천하는 교사들의 필독서

● **교육혁명을 앞당기는 배움책 이야기** 혁신교육의 철학과 잉걸진 미래를 만나다!

다시 읽는 조선 교육사	이만규 지음 l 750쪽 l 값 33,000원
교실 속으로 간 이해중심 교육과정	온정덕 외 지음 l 224쪽 l 값 13,000원
대한민국 교육혁명	교육혁명공동행동 연구위원회 지음 l 224쪽 l 값 12,000원
포스트 코로나 시대의 교육	성열관 외 지음 l 224쪽 l 값 15,000원
내일 수업 어떻게 하지?	아이함께 지음 l 300쪽 l 값 15,000원
핀란드 교육의 기적	한넬레 니에미 외 엮음 l 장수명 외 옮김 l 456쪽 l 값 23,000원
한국 교육의 현실과 전망	심성보 지음 l 724쪽 l 값 35,000원
독일의 학교교육	정기섭 지음 l 536쪽 l 값 29,000원
교실 속으로 간 이해중심 통합교육과정	온정덕 외 지음 l 224쪽 l 값 15,000원
초등 백워드 교육과정 설계와 실천 이야기	김병일 외 지음 l 352쪽 l 값 19,000원
학습격차 해소를 위한 새로운 도전 보편적 학습설계 수업	조윤정 외 지음 l 240쪽 l 값 15,000원

● 경쟁과 차별을 넘어 평등과 협력으로 미래를 열어가는 교육 대전환! 혁신교육 현장 필독서

학교의 미래, 전문적 학습공동체로 열다	새로운학교네트워크·오윤주 외 지음 l 276쪽 l 값 16,000원
마을교육공동체 생태적 의미와 실천	김용련 지음 l 256쪽 l 값 15,000원
학교폭력, 멈춰!	문재현 외 지음 l 348쪽 l 값 15,000원
학교를 살리는 회복적 생활교육	김민자·이순영·정선영 지음 l 256쪽 l 값 15,000원
삶의 시간을 잇는 문화예술교육	고영직 지음 l 292쪽 l 값 16,000원
미래교육을 디자인하는 학교교육과정	박승열 외 지음 l 348쪽 l 값 18,000원
코로나 시대, 마을교육공동체운동과 생태적 교육학	심성보 지음 l 280쪽 l 값 17,000원
혐오, 교실에 들어오다	이혜정 외 지음 l 232쪽 l 값 15.000원
수업, 슬로리딩과 함께	박경숙 외 지음 l 268쪽 l 값 15,000원
물질과의 새로운 만남	베로니카 파치니-케쳐바우 외 지음 l 이연선 외 옮김 l 240쪽 l 값 15,000원
그림책으로 만나는 인권교육	강진미 외 지음 l 272쪽 l 값 18,000원
수업 고수들 수업·교육과정·평가를 말하다	박현숙 외 지음 l 368쪽 l 값 17,000원
아이들의 배움은 어떻게 깊어지는가	이시이 쥰지 지음 l 방지현·이창희 옮김 l 200쪽 값 11,000원
미래, 공생교육	김환희 지음 l 244쪽 l 값 15,000원
들뢰즈와 가타리를 통해 유아교육 읽기	리세롯 마리엣 올슨 지음 l 이연선 외 옮김 l 328쪽 l 값 17,000원
혁신고등학교, 무엇이 다른가?	김현자 외 지음 l 344쪽 l 값 18,000원
시민이 만드는 교육 대전환	심성보·김태정 지음 l 248쪽 l 값 15,000원
평화교육 과거, 현재 그리고 미래를 그리다	모니샤 바자즈 외 지음 l 권순정 외 옮김 l 268쪽 l 값 18,000원
학교의 미래, 전문적 학습공동체로 열다	새로운학교네트워크·오윤주 외 지음 l 276쪽 l 값 16,000원

마을교육공동체 생태적 의미와 실천	김용련 지음 ┃ 256쪽 ┃ 값 15,000원
학교폭력, 멈춰!	문재현 외 지음 ┃ 348쪽 ┃ 값 15,000원
학교를 살리는 회복적 생활교육	김민자·이순영·정선영 지음 ┃ 256쪽 ┃ 값 15,000원
삶의 시간을 잇는 문화예술교육	고영직 지음 ┃ 292쪽 ┃ 값 16,000원
미래교육을 디자인하는 학교교육과정	박승열 외 지음 ┃ 348쪽 ┃ 값 18,000원
코로나 시대, 마을교육공동체운동과 생태적 교육학	심성보 지음 ┃ 280쪽 ┃ 값 17,000원
혐오, 교실에 들어오다	이혜정 외 지음 ┃ 232쪽 ┃ 값 15.000원
수업, 슬로리딩과 함께	박경숙 외 지음 ┃ 268쪽 ┃ 값 15,000원
물질과의 새로운 만남	베로니카 파치니-케쳐바우 외 지음 ┃ 이연선 외 옮김 ┃ 240쪽 ┃ 값 15,000원
그림책으로 만나는 인권교육	강진미 외 지음 ┃ 272쪽 ┃ 값 18,000원
수업 고수들 수업·교육과정·평가를 말하다	박현숙 외 지음 ┃ 368쪽 ┃ 값 17,000원
아이들의 배움은 어떻게 깊어지는가	이시이 쥰지 지음 ┃ 방지현·이창희 옮김 ┃ 200쪽 값 11,000원
미래, 공생교육	김환희 지음 ┃ 244쪽 ┃ 값 15,000원
들뢰즈와 가타리를 통해 유아교육 읽기	리세롯 마리엣 올슨 지음 ┃ 이연선 외 옮김 ┃ 328쪽 ┃ 값 17,000원
혁신고등학교, 무엇이 다른가?	김현자 외 지음 ┃ 344쪽 ┃ 값 18,000원
시민이 만드는 교육 대전환	심성보·김태정 지음 ┃ 248쪽 ┃ 값 15,000원
평화교육 과거, 현재 그리고 미래를 그리다	모니샤 바자즈 외 지음 ┃ 권순정 외 옮김 ┃ 268쪽 ┃ 값 18,000원
마을교육공동체란 무엇인가?	서용선 외 지음 ┃ 360쪽 ┃ 값 17,000원
강화도의 기억을 걷다	최보길 지음 ┃ 276쪽 ┃ 값 14,000원
체육 교사, 수업을 말하다	전용진 지음 ┃ 304쪽 ┃ 값 15,000원
평화의 교육과정 섬김의 리더십	이준원·이형빈 지음 ┃ 292쪽 ┃ 값 16,000원
마을로 걸어간 교사들, 마을교육과정을 그리다	백윤애 외 지음 ┃ 336쪽 ┃ 값 16,000원
혁신교육지구와 마을교육공동체는 어떻게 만들어지는가?	김태정 지음 ┃ 376쪽 ┃ 값 18,000원
서울대 10개 만들기	김종영 지음 ┃ 348쪽 ┃ 값 18,000원
선생님, 통일이 뭐예요?	정경호 지음 ┃ 252쪽 ┃ 값 13,000원
함께 배움 학생 주도 배움 중심 수업 이렇게 한다	니시카와 준 지음 ┃ 백경석 옮김 ┃ 280쪽 ┃ 값 15,000원
다정한 교실에서 20,000시간	강정희 지음 ┃ 296쪽 ┃ 값 16,000원
즐거운 세계사 수업	김은석 지음 ┃ 328쪽 ┃ 값 13,000원
학교를 개선하는 교장 지속가능한 학교 혁신을 위한 실천 전략	마이클 풀란 지음 ┃ 서동연·정효준 옮김 ┃ 216쪽 ┃ 값 13,000원
선생님, 민주시민교육이 뭐예요?	염경미 지음 ┃ 244쪽 ┃ 값 15,000원
교육혁신의 시대 배움의 공간을 상상하다	함영기 외 지음 ┃ 264쪽 ┃ 값 17,000원
도덕 수업, 책으로 묻고 윤리로 답하다	울산도덕교사모임 지음 ┃ 320쪽 ┃ 값 15,000원
교육과 민주주의	필라르 오카디즈 외 지음 ┃ 유성상 옮김 ┃ 420쪽 ┃ 값 25,000원

참된 삶과 교육에 관한
생각 줍기